ソーシャルアクション！
あなたが社会を変えよう！

はじめの一歩を踏み出すための入門書

木下大生
鴻巣麻里香 編著

ミネルヴァ書房

ちょっと長めのはじめに

はじめまして。本書を手に取ってくださりありがとうございます。この本には、ソーシャルアクション、つまり社会を変える行動を起こした人々の多様なストーリーが収録されています。社会を変える、とはどういうことでしょう。なぜ、「社会」を変えなければならないのでしょうか。理由は簡単、「このままではいけない」からです。

たとえば私がこれを書いている今現在、#MeToo 運動が全世界を席巻しています。これは、セクシャルハラスメントやパワーハラスメントに対し「このままではいけない」という問題意識からスタートしました。そして幼い子どもが虐待されて死亡する事件を受けて、虐待の防止や対策の制度を抜本的に変えようという動きも起きています。これも「このままではいけない」が契機です。また、衆議院議員の杉田水脈氏がLGBTについて「生産性がない」と記した記事について、性的マイノリティへの偏見や無理解への「このままではいけない」という危機感が高まっています。もう少し身近なところでは、小中学校にエアコン設置が進んでいない現状が酷暑によって明るみになり、「このままではいけない」という機運が生じています。現状のままでは、誰かが傷つき、健康や命が脅かされ、尊厳が損なわれてしまう。だから、このままではいけない現状を変えるのです。

変えるべきは法制度かもしれない。人々の意識かもしれない。慣習や文化かもしれない。どちらにしても、「このままではいけない」という問題提起だけに突き動かされたままでは、アクションは持続しません。「このままではいけない」は否定形であり、否定形でのナラティブ（語り）は敵対と排除を引き寄せます。「このままではいけない」を「なら、こうしよう」に変える。それが、ソーシャルアクションであると私は考えます。

ソーシャルアクションとは何か。私なりの言葉で表すと、「誰にとっても住みよい社会をつくるための行動」です。誰にとっても住みよい社会の実現、そのためには、今この社会の中で苦しみ、疎外され、孤立している人たち（社会的弱者、マイノリティ）にとって住みよい社会をつくることが必要です。生きづらさを抱えた人々にとって住みよい社会は、私たちすべてにとって住みよい社会。シンプルな等式です。よって、ソーシャルアクションのほとんどが、生きづらさを抱えた人々（障害者、貧困の当事者、子ども、シングルペアレント、在日外国人、ＬＧＢＴ、犯罪被害者など）を直接的間接的に支援する枠組みづくりという形をとります。

ＮＰＯはじめ、すでに多くのセクターや個人が様々な活動を行っています。しかし、社会を変える必要性は無限です。ひとつの法制度が整備されると、必ずその網の目からこぼれ落ちてしまう人がいます。こぼれ落ちてしまった人たちを支える仕組みをつくっても、さらにそのすきまに取り残される人が出てきます。社会を変える必要性はどこまでも広がり、そしてどこまでも深く潜ります。「変える必要性がなくなる」ことはないのです。つまり、「もう誰かがやっているから大丈夫」は通じません。常に、あなたのアクションが必要とされています。

この本のしくみ

この本は、二つの部で成り立っています。まず「私はここから社会を動かした！」の第Ⅰ部。これは、社会的に孤立した人々のために現場で直接的なアクションを起こした人々のストーリー集です。つまり、対人援助における直接支援のマネージャーやプレイヤーたちです。国際的に活動が評価される有名な活動家から無名な草の根活動のプレイヤーまで、日本を代表するＮＰＯから個人ベースの活動まで、社会をより良くするために立ち上がり行動を続ける人々が「どのようにはじめ、どう続けているか」が綴られています。それらの物語は、「起こしたいアクションがあるけれど、何からどうはじめたらいいかわからない」という人の背中を押してくれるかもしれません。

次は、「私たちは動かされた！」の第Ⅱ部。これは、ソーシャルアクションの実践者たちを支え導くことで、間接的にアクションを起こしている人々のストーリー集です。アクションは、起こすだけでは意味がありません。継続させることこそが重要であり、そして困難です。その継続性を支えるのが各メディアや企業経営者、研究者、法律家といった他分野・多分野のプロフェッショナルたちです。この部では、主に情報発信（メディア）や資金援助等で様々なアクションに関与する人々から「なぜ、どのような活動に動かされたか」を語っていただきました。活動をより洗練させ、拡げ、そして継続させるために、どのような人をどのように巻き込むか。そのヒントを汲み取ってください。

この本のテーマ

この本にはもうひとつ、大切なテーマがあります。それが「当事者力」です。当事者力。聴き慣れない言葉だと思います。まず「当事者」をごく簡単に説明すると、ある問題、あるいは困難が生じた時、その問題から直接影響を受ける関係者となるでしょう。

たとえば私は、女性です。そして母親です。そして過去には精神疾患や脳疾患の当事者であり、貧困の当事者であり、差別の当事者であり、いじめ被害の当事者であり、性被害の当事者でした。私は今、貧困等の困難を抱えた子どもたちの孤立を防ぐために、居場所づくりの草の根活動を行っています。私をこのアクションに駆り立てた動機は、子ども時代のいじめや差別や貧困といった経験であり、精神疾患や脳疾患によってうまく生きられず孤立した経験であり、そして女性として・母親として抱く将来への不安です。つまり、何かの困難の当事者であった経験が、私の活動の軸になっています。

この本を手に取ってくださったみなさんは、おそらくこの社会に何らかの矛盾や不合理さ、あるいは不寛容さを感じ、それによって苦しんでいる人々の力になりたいと願い、社会を変えるための一歩を踏み出そうとしているのだと思います。そして、もしかしたらみなさんは、自身も何らかの困難を経験した、あるいは今も困難の中にいる、当事者なのかもしれません。貧困、差別、格差、障害、性的マイノリティ、子育て、ハラスメント、犯罪や暴力の被害、介護、失業……何らかの被害にあい、あるいは社会的に弱い立場におかれ、あるいは不理解に苦しみ、充分な助けを得られず、現状を変えたいと願っているかもしれません。この本は、そんなみなさんがアクションを起こすための小さな一歩を踏み出すヒントになればと願い、企画されました。

ここまで読んで、この本を閉じたくなってしまった人もいると思います。そんなあなたは、きっとこう疑問に思ったことでしょう。

「何かの困難の当事者でないと、アクションを起こせないのだろうか？」

その疑問への返答が、「当事者力」という言葉です。

もし、同じ経験をした当事者しか行動を起こせないのであれば、ホームレスの支援はホームレスにしかできず、貧困対策は生活困窮者にしかできず、シングルマザーは互いに支えあうしかなく、いじめられた子どもやハラスメント被害者の声を聴く人は少なくなってしまいます。

当事者力というのは、全く同じ体験をした人同士の間でのみ作用するものではありません。むしろ、同じ経験をしているか・していないかという溝を乗り越える働きをするものです。

もし、あなたがかつて何をやってもうまくいかず、誰かから誤解され、深く傷ついた経験をしていたら。それはたとえば望んでいないのに貧困に陥り「自己責任だ」といわれのない非難を受ける人たちの痛みとつながるチャンネルとなるかもしれません。

あなたがかつて異国で言葉が通じなかったり、欲しいものが欲しいと言えなかったり、努力が実らなかったり、失敗を笑われたり、誰かと比較されたり、約束を反故にされたり、嘘をつかれたり、信頼していた人に裏切られたり、話を聴いてもらえなかったり、そういった小さな体験の一つひとつによって芽生え揺り動かされた情動は、今まさに困難の最中にある人々と「私自身」とをつなぐチャンネルになります。それが当事者力です。

ソーシャルアクションの実践者を活動に駆り立てた動機は様々です。明瞭で他者の心を打つ、わかりやすいエピソードを持つ人もいるでしょう。でも実際は、「なんとなくやってみようと思った」としか説明できない感覚や、とても些細な出来事や偶然の出会い、そして「なんとなく続けていた」というケースが多いのではないでしょうか。その「なんとなく」の中に当事者力があります。

もしあなたが、社会的に疎外され苦しんでいる人と出会い、あなたの中の「何か」が強く揺り動かされたとしたら。それはあなたの中の当事者力が芽を出した瞬間です。つまり、当事者力というのは「私は」で始まる語りから生まれる力です。この「私は」で始まる物語なしに、アクションは持続しません。この本には、たくさんの「私は」で始まる物語があります。

読み終わったら

本編をお読みいただく前に、ひとつお断りしたいことがあります。この本は、教科書や参考書ではありません。つまり、ここに正解はありません。ここに書かれているのは、それぞれの実践家たちのストーリーや主張です。いわば、それぞれのシェフたち独自のレシピです。ホワイトソースを作るにあたって、常温の牛乳を入れる人もいれば冷たいまま入れる人もいます。牛乳を少しずつ加える人もいれば一気に加える人もいます。どれも正しく、またどれも間違いではありません。それと同じように、ある実践家は事前の情報収集が必要だと言い、ある実践家はできることからすぐに始めるべきだと言います。ある人はまず仲間集めから始めようと説き、別の人はひとりで動き出そうと主張します。組織化の重要性を唱える人もいれば、組織化のリスクを懸念する人もいます。

それぞれのストーリーの中で編み出された、それぞれのレシピがある。だからこそ、ソーシャルアクションはおもしろいのです。ぜひ、本書を読んで「いいな」と思った部分だけをつまみ食いして、あなただけのレシピを作ってみてください。

編著者の一人としてこう書くのは不適切かもしれませんが、この本は何度も読み返す類のものではありません。あくまでも、あなたがあなたらしいやり方で動き出すためのヒントを見つけてもらうための物語集です。ですので、読み終えたら表紙を閉じ、本棚にそっとしまって、あなたの中に残った「何か」をアイテムに、あなただけの冒険に出発してください。あなたのアクションは本の中にはありません。フィールドに出かけましょう。

二〇一九年四月

鴻巣麻里香

目次

第2章　自閉症の環境に不満を持つなら自分で創ってしまえばいいかも！　23
～わが子のために創った放課後等デイサービス
……株式会社アイム：佐藤典雅

第3章　「あなたはひとりじゃない」を伝えたい　39
～第一回ＬＧＢＴ成人式@埼玉
……第一回ＬＧＢＴ成人式@埼玉実行委員長：松川莉奈

第4章　ホームレス問題を解決する六つのチャレンジ　53
～ビルの軒先を借りて行うシェアサイクル
……認定ＮＰＯ法人 Homedoor 理事長：川口加奈

第5章　「なぜ動いたか」ではなく「なぜ動き続けているのか」を考える　67
～実践者のはまりがちなワナ
……一般社団法人ホワイトハンズ：坂爪真吾

CONTENTS

第6章　誰かに与えられるのではなく創りたい　83
～障害当事者の私が切り開く地域生活
……埼玉障害者市民ネットワーク：野島久美子
コラム1：野島久美子という〈磁場〉と地域　98
……新井利民
第7章　あらゆる当事者から感じ・学び・考えよう　101
～フリーソーシャルワーカーが国会議員になるまで
……衆議院議員：池田真紀
コラム2：ソーシャルアクションもうひとつのかたち　119
～生活保護費引き下げ訴訟の原告となって
……橋本真希子

第Ⅱ部　私たちは動かされた！

第8章　新聞記者を動かす 123
～プレスリリースは有効、でも最後は人間力……毎日新聞記者：山寺　香

第9章　テレビメディアを動かす：キャスター 137
～自分と同じ思いをしている人はきっといる……株式会社ＴＢＳスパークルアナウンサー：岸田彩加

第10章　テレビメディアを動かす：ディレクター 153
～当事者の物語が世を動かす……ＮＨＫディレクター：鹿島真人

CONTENTS

第11章　大学教員を動かす　169
～実は機会を探している……武蔵野大学教授：渡辺裕一

第12章　弁護士を動かす　181
～社会問題に取り組むみなさんと協働したい……弁護士：山田恵太

終　章　社会を動かす　195
～アイディアが社会を変える……ブランドコンサルタント：福田　淳

ちょっと長めのおわりに　207
――「社会を変える」ことについての試論的総論……武蔵野大学准教授：木下大生

第Ⅰ部
私はここから社会を動かした！

第1章

今すぐできるひとりでできる「子どもの居場所」のつくりかた

~まかないこども食堂たべまなのレシピ

鴻巣麻里香

私は福島県南の外れで活動する、フリーランスのソーシャルワーカーだ。いくつかの団体から給与を得て働きながら、子どもたちの孤立を防ぐ「居場所」を地域に創るというアクションを起こして三年（二〇一八年当時）になる。それは「こども食堂」の名で知られる実にシンプルな居場所だ。この本の執筆陣の中にあって、最も小規模でお手軽な活動をしている自負がある。あまりにも小さくて泥臭い活動なので、際立った個性も誇れる特性もない。だからこそ、と言っては恐縮だが、忙しいあなたにでも今すぐできる時短レシピ的なアクションの一例としてお読みいただければ幸いだ。

あの時の私が欲しかったもの

もう三〇年近く前のこと。北関東のさらに北部、とある山村の片隅で、その子はいつも息を潜めていた。家でも学校でも。私の居場所はここにはない、ここではないどこかへ行きたい、それがその子の願いだった。その子は、転入したばかりの小学校でいじめに遭っていた。無視をされる、仲間外れにされる、あらぬ噂を流される、影でクスクス笑われる、悪口を書いた手紙が靴箱や机の中に入っている、「バイキン」と言われる、そして男の子からは髪の毛を摑まれたり背中を強く叩かれる。その子がいじめられた原因は、その子の母親が外国人だったからだ。周囲の誰とも違う目の色、髪の色、顔立ち。何も悪いことはしていない。転校生だから、その小さな学校の暗黙のルールや人間関係の序列がわからず、エラーを犯してしまったことはあるかもしれない。それでも意図的に誰かを貶めたり傷つけたりするようなことはなかったはずだ。だから彼女には、自分がいじめられている理由を「母親がガイジンだから」以外に説明できなかった。母親がガイジンなのは、どうしようもない。私に何か過ちがあったのなら正せる。誰かを傷つけたのなら償える。でも、母親がガイジンであるという事実は変えられない。出自も容姿も変えられない。つまり私は、ただ息をしているだけで忌み嫌われていた。

「私はみんなから疎まれる」

「私は誰からも必要とされない」

それがその子の中に芽生え育った「信念」だった。

学校でいじめに遭っていることを、彼女は両親に告げることができなかった。母親が外国籍だからいじめられる、それは母を、そして父を苦しめるだろうから。彼女は家で秘密を抱え、無理に明るく振る舞い、学校にも行き続けた。欠席が多くなれば両親が訝しむだろうから。

さらに両親は不仲で言い争うことも多く、ヒヤヒヤと顔色を伺う日々だった。学校にも家庭にも、彼女の居場所はなかった。

「誰も私を助けてくれない」

「どうせ私はひとりぼっち」

彼女の心の中に、また「信念」が芽生えた。

さらに不幸なことに、当時彼女の家庭は経済的な危機を迎えていた。つまり、貧困（相対的貧困）の状態にあった。欲しいものが買ってもらえない、必要なものもなかなか買ってもらえない。服は母親のおさがり。流行遅れでサイズの合わない服はいじめの「ネタ」にされた。当時日本一の高いビルの名声を誇っていたサンシャイン60で、こっそり多めに持ってきた小遣いでたくさんのお土産を買うクラスメイトにお小遣いをほんのわずかしか持っていくことができなかった。小学校の修学旅行では、背を向けて、彼女はトイレで時間を潰していた。惨めだった。「惨め」という言葉を当時は知らなかったけれど、どこまでも惨めだった。

「私は無価値だ」

「私の願いはどうせ叶わない」

そんな「信念」がまた心の中にぽっと芽を吹いた。

大人になった私は

いじめはある日明るみになり、あっけないほど瞬く間に収束した。家族も貧困から脱した。そして彼女は大人になった。学歴を積み、容姿に磨きをかけ、多くの可能性と選択肢を手にした。それでも彼女は、自分の未来を思い描くことができなかった。何かを始める前から、何もかもうまくいくはずがないと失望していた。何かが軌道に乗ると、自分でそれをぶち壊した。誰かと愛しあい信頼しあえるかもしれない、その可能性を察知すると自らその関係を破滅させた。他者を傷つけ、自分を傷つけ、多くの友人と居場所を失い、望んでいるかのように自分にとってよくない選択を繰り返した。

なぜうまく生きられないのか。

負の連鎖を誘発する要因が、幼少期に芽生え深く根を張ったあの「信念」にあることに気づいたのは三〇代後半に差しかかってからで、その時にはすでに何度か職を変え、パートナーと離別し孤独になり、そして脳腫瘍という大病を抱えていた。その気づきの種を少しずつ蒔いてくれたのが、組織を転々としながらもしがみつき続けていたソーシャルワーカーという仕事であり、精神障害や被災、虐待被害、貧困等の心的外傷によって地域社会から排除され孤立した人々との関わりだった。

孤立。寄る辺なさ。疾患や貧困といった困難を抱えた人々は、その困難そのもの以上に、それによって孤立していることに苦しんでいた。子ども時代の私は、学校に居場所がなく、家にも居場所がなかった。その孤立感が様々な信念を生み、その後の私の人生を縛った。私のような子どもをこれ以上増やさないために、何が必要だろう。子どもだった私は、何を必要としていたのだろう。もし目の前に子どもの頃の私がいたら、その子のために今の私にできることはなんだろう。自分の物語を振り返りながら問いかけたその答えが、「居場所をつくる」だった。

動き出そう、と決めた時には動いていた

そうだ、子どもの居場所をつくろう。そう決めた時、私は孤立の危機にあった。離婚してたったひとりになり、住居は当時の勤務先が借り入れている小さなアパートで、脳腫瘍の手術後で体調は万全でなく、転入して一年足らずの福島県白河市に知人は片手で数えるぐらいしかおらず、預金はほとんどない上に、仕事をやめようとしていた。生活は崖っぷち、将来は真っ暗、なのになぜか「今動かなければ」という強い衝動と閃きに突き動かされた。今思えば、その時感じた寄る辺なさや不安という体感がチャンネルとなり子ども時代の孤立感が呼び起こされ、「このままではいけない」という動機付けになったのだろう。

孤立の危機にあった私にできることなんて、何もないように思えた。でも私は、「できるようになるための何か」を求めるよりも、「何もない私にでもできること」を探すことにした。居場所づくり、

そんなに難しいことだろうか？　まず、場所があればいい。自宅のお茶の間を解放したいがアパートは残念ながら狭すぎる。ならば知人の飲食店の一区画を借りられないだろうか。そこでどんな空間を作ろうか。

ソーシャルワーカーの経験で学んだ子どもたちにとっての必要性は、まず他者とのつながり。そして食事（孤食や貧困による食事の質量低下）と学習の機会（不登校等による学習の遅れ）だった。そうだ、ごはんは必要だ。お腹をすかしていては切ない。私は料理が趣味だから、ちょっと家族が増えたと思えば、大人数の調理だって難しくないはず。あと私にできることはなんだろう。とりあえず大学院まで進んだし、勉強は嫌いじゃない。宿題くらいなら手伝えそうだ。確かにお金はないけど、たとえば週一回十人分ちょっとの食事を作ったとしてさほど予算はかからない。自分の少ない預貯金でもしばらくはなんとかなりそうだ。

そして二〇一五年初夏、非営利任意団体ＫＡＫＥＣＯＭＩを立ち上げた。団体とは名ばかりで、メンバーは私だけ。私個人にできることは少ない。だから、受益者と必要性に優先順位をつけ絞り込んだ（子どもと食事）。これは少ないリソースでアクションを起こすのには必須のプロセスだ。やりたいことの大半を諦めなければならないことも多いけれど、事業を継続できれば必ずまたチャンスはある。

クラウドファンディングで資金を集める

団体立ち上げと同時に、クラウドファンディングによる資金集めをスタートさせた。目標金額は、半年間居場所を運営するための活動資金と広報チラシ、リターン（お返し）等作成資金六〇万円。これは私にとって「あったらうれしいけどなければないでなんとかなる」お金だった。そもそも今の自分にできる範囲での事業計画しか作っていない。ファンドレイジング（資金集め）が成功しなかったらチラシは手書きで作ればいいし、運営費用に不安が生じても週末か夜間にアルバイトひとつすれば賄えるだろう。つまり私は、「自己資金だけで確実に実行・継続できるプラン」と「寄付によってアップデートされる部分」を明確に分けてプレゼンテーションした。これが、無名のひとりが約一か月のチャレンジで一八〇％（総数約一〇〇万円）の資金集めを達成した要因だったと思う。

寄付集めの方法としてメジャーになったクラウドファンディングだが、実績がなく社会的に認知されていない団体や個人が必要な金額を集めるのは難しい。まず頼りにならないと思った方が賢明だろう。寄付を集めるには信頼が必要で、信頼の根拠となるのは実績だ。実績がなければ、せめて「必ず実現できる」具体的なプランを提示するしかない。寄付を集めるために必要なのは壮大な夢物語ではなく、どんなに小さくても必ず実行されるという確約だ。寄付文化が根付いていない日本では、よほどの信頼がなければ「寄付が集まらなければ実現できない」という寄付依存の気配を匂わせると人は離れていく。

ちなみに、ＫＡＫＥＣＯＭＩという名前は「駆け込み寺」と「コミュニティ」を掛け合わせている。安全な避難所であり地域社会とつながっているというイメージだ。ネーミングは重要で、「なぜカケコミのコミはＣで始まるのか」という疑問から団体の理念に話を広げることができる。そのＫＡＫＥＣＯＭＩが作った居場所の名前は当初「おいしい塾たべよまなぼ」だった。ごはんが食べられて自主学習のサポートが受けられる、そのままのネーミングだ。今は「まかないこども食堂たべまな」を公称としている。メンバーや支援者が自然と「たべまな」と呼ぶようになったためだが、もともと「こども食堂」を自称してはいなかった。団体立ち上げと同時期に、子どもの貧困問題への社会的な関心向上に絡んで「こども食堂」の認知度が高まり、「こども食堂」を名乗った方が広報と寄付集めにメリットがあると思いついて、後出しジャンケン的にこども食堂を名乗った。確かに「こども食堂」を名乗ることは広報や資金集めの面で有益にはなったが、今は「こども食堂」という看板を使い続けることに葛藤を抱いている。それについては後述したい。

動かなければ出会えない

私は孤独を愛しているが、友だちが全くいなかったわけではない（と思う）。それでもまずはひとりで始めた。なぜか。まずは自分で動き出さなければ、本当に価値観を同じくする同志には出会えないと思ったからだ。

「子どもたちの居場所を作りたい！」「子どもの貧困問題に取り組みたい！」と言えば、十人中十人が間違いなく「いいね！」と言ってくれる。だがこれは罠でもある。アクションを起こす、その熱気の中で得られた同意はたいていが水蒸気のようなものだ。やがて冷め、消える。そしてその熱気は、互いの価値観の差異から目を逸らさせる。「子どもたちのために！」と言えば誰もが同意するが、その中身は多様だ。子どもの自由意志や尊厳を守りたいという人もいれば、厳しく管理し、躾けることが子どものためだという人もいる。もちろん同じ活動に従事するメンバー間の価値観が多様であることは組織的な強みとなるが、たとえば子どもの尊厳や安全を守ることについての根幹は一致していなければならない。戦術における多様性は強みでも、目的と戦略が共有されていなければプロジェクトは瓦解する。

幹となる価値観の差異を明るみにし、あるいは共感と合意を得るためには、対話を重ね関係を構築するプロセスが必要になる。つまり、仲間を探し、声をかけ、場を設け、一人ひとりと対話を重ねる。これには時間がかかる。必要不可欠なプロセスではあるが、横着者の私にはその時間が惜しかった。なので、仲間を集めず私ひとりで始めることにした。私が動き出せば、その活動を通じて私の価値観が発信される。そうすれば同志が自然と集まるに違いない、そう楽観していた。

今、ＫＡＫＥＣＯＭＩの活動は、有償スタッフ二名を軸に二〇人ものボランティアとプロボノ協力の専門家（医師、弁護士等）たちによって支えられている。彼らはみな、実際に事業が走り出してから惹かれ集まってきた。中には事業を進めるに従い価値観の差異が浮き彫りになり離れていった人もいる。私自身の価値観が、実際に事業を動かしていく中でより明確になっていったためだ。

当初は、「かわいそうな子どもたちのために良いことがしたい」と語るボランティア希望が相次いだ。どれも断ることはしなかったが、後述のように、「子どもも大人も活動に貢献する同志としてつながる」という価値観が明確になるにつれ、そういった人たちはひとりまたひとりと遠ざかっていった。今、同志としてゆるやかにつながっているスタッフ・ボランティア全員が、かつて子どもの頃に何らかの孤立や疎外感を経験したか、現在なお何らかの困難の中にある当事者たち（シングルペアレントや障害児の親、経済的な不安を抱えた若者等）だ。そんな大人たちの「子どもだった私たちが欲しかった居場所」の横糸と、子どもたち・当事者たちの「私たちが欲しい居場所」の縦糸を編みながら、「たべまな」という居場所を作っている。

現在の「まかないこども食堂たべまな」は、飲食店の間借りではなく、古くとも味わいある一軒家で営業している。この一軒家も、かつて部分借用していた飲食店の閉店にともない開催場所の見通しが立たずにいたところ、さる篤志家が格安で賃貸してくれたものだ。そしてさらにもう一軒、森の中の大きな住宅を無償提供してくださる方と出会えた。そちらは、安全を必要とする女性と母子のシェアハウス（セーフハウス）として運営中だ。もし事業開始時に「子どもの居場所をつくりたいので家を貸してください」「この家をセーフハウスに使わせてください」とお願いしても断られていただろう。その時できることから始め実績を重ねたことが、出会いを引き寄せている。

「準備」は時間のロス

よし、子どもの居場所を作ろう。そう思い立った私はすぐに準備にとりかかった、わけではない。私はプロジェクトの立ち上げにおいて、準備のための期間をほとんど設けなかった。

ＮＰＯの立ち上げや経営のセミナーに出ることもなかった。どこかの団体や施設でインターンをすることもなかったし見学にすら行かなかった。地域やボランティア希望者への説明会やミーティングを開いたのは一度きりでそれはこども食堂開始直前のことだった（しかもほぼただの飲み会だった）。とりあえず一晩でウェブサイトを作りチラシをデザインし、翌日に銀行口座を開き、飲食店を経営する知人に毎週月曜の夕方から夜の店舗一部貸切と厨房使用の承諾を得た。これでもう、明日からでも開始できる。

ソーシャルワーカーとしての経験から学んだことだが、生きづらさを抱え孤立した人々は、その困難が深刻であればあるほど、他者を信頼することに慎重だ。周囲から傷けられ疎外され、あるいは裏切られ、そして誤解され非難を浴びてきた人たちにとって、誰かを信頼することのハードルは高い。彼らは慎重に様子を見ている。「この人は（この場所は）本当に信頼できるのか」「この人は（この場所は）私を助け、見捨てないだろうか」と。彼らが勇気を出して一歩を踏みだすためには、その場所や活動についての具体的な情報が必要だ。特に、どんな人たちが集まるのかについての。それは実際に活動を始めてみなければ発信できない。そしてそういった「生の雰囲気」は、チラシでは伝わらない。有効なのはSNSで写真や動画、ユーザーの声を交えてタイムリーに発信を続けることだ。今でこそ実人数八〇名もの通算来所者があり（二〇一八年七月現在）、一回あたり二〇名近くの子どもが訪れる「たべまな」だが、オープン時やってきたのはたったの三名だった。

初回のレポートを配信した直後、新たな問い合わせが数件あった。翌週には一名増え、そして運よくテレビの取材が入り報道された。テレビ放映後、問い合わせがさらに増えた。不登校や家庭環境の困難を抱えた子どもたちや親たち（私たちが当初想定していたメインユーザー）からの問い合わせが届き始めたのは、この頃からだ。

そして開設から一年以上経過して、「一年前からチラシを持っていましたが、怖くてずっと迷いながらFacebookやTwitterをチェックしてました。ここなら大丈夫だな、と思ってやっと来ることができました」と言ってやって来る子どもたちや親たちが相次いだ。

その時できることで、一日でも早く始める。それが何より大切であることをKAKECOMIというアクションを通じて確信した。こども食堂を始めたいなら、お菓子やおにぎりを用意して自宅のお茶の間を下校途中の子どもたちの休憩所として開放すればいい。場所がないなら貸してくれる店舗や人を訪ねればいい。誰かと交渉する際に最低限のプレゼン資料は必要になるが、どういった情報や言葉が相手を動かすかどうかは実際に交渉と対話を重ねてみないとわからない。整える、という作業は始めてからいくらでもできる。まず動く、出会う、そのアクションによって私たちの「なぜ動くのか」「どのように動くのか」が形づくられていく。

ユーザーは同志〜そして「まかない」へ

今できることを、今から始めることの必要性は、「本当に必要なことはユーザー（受益者）が知っている」ことに他ならない。たとえば「こども食堂」をはじめとする子どもの居場所なら、どのような場所が望ましいかは子どもたちが知っている。ならば子どもや親へのアンケートや先駆者へのインタビューを行えばよい、というわけではない。アンケートやインタビューも重要だが、まだ居場所を得ていない子どもたちにとって「自分が居場所に何を求めるか」を体感的に理解し言語化することは難しい。「ごはんがある」「お菓子がある」「ゲームができる」「ほっとできる」といった声は出るだろうが、あくまでも子どもが想像できる範囲のわかりやすい要望に限られる。また、子どものニードは地域性によって異なり、先駆的な試みがそのまま別の地域に応用できるとは限らない。

そもそも、大人が「子どものために」と用意したメニューは大抵の場合的外れだ。お子様ランチが好きになれない子どもは大勢いる。でも彼らがお子様ランチを選ぶのは、他にどんな選択肢があるのか知らないからだ。あるいは、「子どもなんだからお子様ランチが好きよね？」という大人の期待にサービスで応えてあげているかもしれない。だから子どものニードに応える居場所を作るには、大人が作って子どもに差し出すのではなく、子どもと一緒に作っていけばいい。そのためには、未完成の状態で、できるだけルールや決まりごとやアクティビティが決まっていない状態で始めることが望ましい。

私たちの「たべまな」は、「ごはんが食べられる場所」というだけのシンプルな構成で始めた。当初食事は大人のボランティアスタッフが作り、子どもたちに「食べさせてあげて」いた。開始から二回目を終えた翌日、ある男子中学生の保護者から問い合わせがあった。彼は学校でいじめを受け、教師と折り合いが合わずに傷つき、不登校になっていた。彼の自尊心は損なわれ、他者を信頼できなくなり、全てに投げやりで、ヤマアラシのように刺々しく閉じた態度をとりながら怯えていた。

私との面談を終えた彼は半ば親の要望に押し切られる形で、こども食堂に来ることになった。学校に行っていない彼は、日中時間を持て余していた。時間があるなら料理を手伝ってよ、そう彼に持ちかけると、明らかにしぶしぶといった態度で了承した。そして翌週、彼は時間通りにやってきて厨房に入った。危なっかしい手つきでゆっくりと包丁を握り、野菜を切り、米をといだ彼は、他の参加者とほとんど会話することはなく、仏頂面を崩すこともなくただ黙々とキッチンとダイニングを往復し、終了間際にひとりきりでそくさと食事し、後片付けを手伝い、伏し目がちに「じゃ、失礼します」とだけ言い残して去って行った。

そして翌週、彼はまた約束の時間通りにやって来た。自分のエプロンと三角巾を持って。そしてやはり黙々と仕事をした。その翌週には、初めて他の参加者と同じテーブルに座り、一緒に食事をした。彼の表情は明らかに柔和になっていった。やがて彼は厨房で作業しながら、学校について、家族について、あれこれ話すようになった。笑顔も増えた。厨房に入って二か月が経過した時、彼が教えてく

れた。「自分が作ったごはんをみんなが食べてくれて、ありがとう、おいしいねって言ってくれる。それがうれしい。学校でも家でも、自分が誰かのために何かして、ありがとうって言ってもらえた記憶ってほとんどない。こんなにうれしいんですね」と。

そうか。貧困、いじめや不登校、障害や疾患、様々な生きづらさの中にあり孤立した子どもたちは、「誰かに何かしてもらう（助けてもらう）」体験に乏しい。しかしそれ以上に、「自分の力で誰かのために行動し、他者に良い影響を与え、感謝され必要とされる」体験に乏しいのだ。与えられ助けられることで、子どもたちは他者への信頼を取り戻す。でも彼らの損なわれた自尊心を回復するためには、彼らそれぞれが「今の彼らにできること」で誰かに良い影響を与え、頼られ必要とされる経験によって自己効力感を高めなければならない。その気づきによって新たなルールとなったのが「こどもはまかない、おとなはカンパ」だ。子どもたちはまかない、つまりそれぞれのできることで何らかの役割を担い、仕事の対価として食事を食べる。料理、配膳、片付け、皿洗い、調理器具の洗浄、看板やメニューボードの作成、チラシのデザイン、ハロウィンやクリスマス等イベントの企画等の仕事を、全ての子どもたちが担っている。ピアノの得意な子は、ピアノを習いたいけれど様々な事情から諦めている子にピアノを教えてくれている。高校生は中学生や小学生に勉強を教えたり進路相談に乗ってくれている。この高校生先生は小・中学生に好評で、「ピアサポート学習支援事業」として定着し、パナソニック教育財団より表彰を受けた。また、食堂は大人にも開かれている。大人は子どもの役割を奪わないために、それぞれの懐事情に応じた投げ銭のカンパによって食事ができる。それでも、少額カンパも難しい切迫した大人もいるだろうと、財布の中の一円玉と五円玉を任意で貯金箱に入れて五〇〇円貯まったら大人ひとりに一食プレゼントできる「おすそわけ」のルールが始まった。そのようにして、「たべまな」という居場所にやってくる顔ぶれ全員が同志となり、それぞれの必要性に気づきながら枠組みを作っている。そこには支援する・されるという関係性はない。誰も被援助者にしない、全員が場に貢献する当事者としてつながる、それだけが私たちの活動の揺るぎない軸だ。それ以外の枠組みはこれからも気付きと必要性に応じて変化していくことだろう。

人が集うことの可能性
～支援施設ではなく「支援力のある居場所」になる

「誰も被援助者にしない」と書いた。私たちは、支援施設ではない。ただの居場所だ。だからこそ、様々な支援する・される関係に疲弊し傷ついた子どもたちや大人たちが集まってくる。私たちは彼らの尊厳を守るために、誰も被援助者にしない。しかし、彼らが抱えている困難を放置もしない。いじめに遭っていれば教育委員会や学校に出向き介入する。貧困に陥っていれば様々な社会資源へとつなぐ。適切な養育を受けていなければ子どもの安全確保や親の支援へと動く。病気や障害の懸念やメンタルケアの必要性があれば病院受診を設定する。支援施設ではないけれど、かなり専門性の高い支援を「裏メニュー」として提供している。それが可能になるのは、支援力のある様々な専門職がここに集っているからだ。

まず、私はソーシャルワーカーだ。現役のスクールソーシャルワーカーでもあり、県の教育事務所や市町村の教育委員会に所属し、各学校や家庭に出入りし、不登校やいじめ、虐待や貧困といった課題に従事している。経済的に非常に困難な状況に置かれた家庭に、一プレーヤーとして介入できるポジションにいるほか、弁護士、医師、教師、行政施設の相談員、カウンセラー等とつながっている。彼らが裏メニューの提供者だ。それぞれが必要に応じて、場合によってはプロボノで個別支援を行っている。

彼らは一〇〇％慈善事業で支援を行っているわけではない。彼らは「たべまな」で子どもたちとつながることを契機に、専門職同士のつながりを得てそれぞれの事業に活かすことができる。たとえば弁護士は、メンタルケアが必要なクライエントについてカウンセラーの協力を得る。医師は、学校との調整が必要なクライエントについてスクールソーシャルワーカーのサポートを得る。弁護士とソーシャルワーカーが協働すれば困難を抱えた人をワンストップで支援することができる。そのように、「こども食堂」という居場所を通じて専門家同士がつながり、それぞれの支援の幅を広げ質を高めることが可能になっている。

「こども食堂」の限界と可能性

私たちのミッションは、「子どもの孤立を防ぐ」であり、そしてその手段が、当事者ベースで運営されるとてもミニマムな居場所づくりだ。その居場所としての機能が、こども食堂の意義であり限界であると考えている。

「こども食堂」は、子どもの貧困対策の文脈で語られ喧伝されている。だが果たして「子ども食堂」が貧困対策になるだろうか。あるいは貧困対策を担ってよいものだろうか。私たちの「たべまな」は、毎週月曜日の開催だ。週にたった一日。しかしながら頻度としては高い方だ。福島においては一か月に一回、あるいは二回という食堂が大半を占めている。私の問いかけはシンプルだ。

「月に一回の食事が、貧困対策になるか?」

答えも明快だ。なるはずがない。腹は満たされてもすぐ飢える。だが、「こども食堂」が無価値だとは思わない。価値はある。居場所としての価値が。週に一回でも月に一回でも、安全を感じられて、信頼できる誰かとつながれる。孤立感が和らぐ。そんな居場所としての価値と意義がこども食堂にはある。

居場所。それがこども食堂の枠組みだ。こども食堂は、貧困「等」によって子どもたちが孤立するのを防ぐ。他者とのつながりを維持することで、何かをあきらめようとしている子どもたちの可能性をつないでいく。ただし、それは貧困の解決にはならない。できるのは「貧困の中を生きながら孤立せずあきらめずに生きていく」ことの可能性と希望を守ることだけだ。

「こども食堂」という呼び名すらなかった時代に立ち上がり動き出した先駆者たちは、ただ目の前の子どもをひとりぼっちにさせたくない、そんな思いだけで動いていたはずだ。そういった小さな活動一つひとつの結晶がこども食堂という呼称だ。ソーシャルアクションという響きには、不思議と現代的な華やかさがある。しかし、そもそもは泥臭いものだ。「社会を変えよう」というムーブメントは、「目の前の一人ひとりの力になろう」というとても個別的で、泥臭い、小さな活動の集約なのだから。いきなり誰かが「社会を変えよう！」と言い出したわけじゃない。隣人のために、わが子のために、その時できることを、できる限りのことだけをする。その積み重ねが社会を変えてきた。

つまり、顔と名前を思い浮かべることのできる誰かのために、今の自分自身にできることを始めればいい。問題のために動くのではなく、人のために動く。こども食堂なら、子どもの貧困に取り組もうと意気込む必要はなくて、毎日家の前を通ってひとりぼっちで通学するあの子のための場所を作るだけでいい。

自分たちにできること、自分たちの役割を明示しながら、それを超えた必要性について社会に問い続けることも重要なアクションだ。私たちは「孤立した子どもたちの居場所は作れる。でも貧困問題の解決には政治の力が不可欠だ」と訴え続けている。ソーシャルアクションにおいて、民間や草の根にできることを最大限行い可能性を広げることは大切だが、「ここから先は私たちには無理です」と政治の責任を明示することもまた重要だ。そうでなければ、根本的な問題解決と予防は実現しない。

今、できることから始めればいい。そして、大きな組織になる必要は必ずしもない。地域には、パワフルなＮＰＯがひとつあるよりも、草の根ベースの小さなアクションやプロジェクトが多数あった方が望ましいと私は考えている。どんな価値観を持った個人が行うか、そのカラーは活動に反映される。それが多様であればあるほど、当事者の選択肢が増えるということだから。

今朝、自分のランチのためにおにぎりを一個握ったあなたが、この本を読んで、もし明日は他の誰かのために一〇個握ってみてもいいかな、と思ったら。そこからあなた色のアクションを始めてみてほしい。

第2章

自閉症の環境に不満を持つなら自分で創ってしまえばいいかも！

~わが子のために創った放課後等デイサービス

佐藤典雅

福祉業界は人生設計の中にはなかった

よく「人生には計画を立てよう」という言葉を聞くが私自身に関して言うと、自分の立てた計画通りに人生が運んだがことがない。だから人生経験を通して人生計画を立てることをやめて開き直ってしまっている。私にとっては福祉業界に携わることも息子の自閉症も当然のことながら計画外の話であった。私が福祉業界に入った理由は、自分の息子である楽音（がくと・現一七歳）と関係している。周りから見ると何か高い志をもって福祉を目指してきたように見えるらしいが、当人からすると人生のアクシデントで福祉業界に放り込まれたような感じだ。

そんな私が福祉業界に足をつっこんだのは二〇一五年三月のこと。現在は株式会社アイムの代表として、川崎市で放課後等デイサービス（以下、放課後デイ）の教室を四箇所、フリースクールの高校、生活介護とグループホームを運営している。放課後デイを始める前は福祉とはほど遠い業界にいたが、福祉業界との接点は息子の自閉症が発覚した時点で定められていたのかもしれない。

私は実家のあるハワイでグラフィック・デザイナーとしてキャリアをスタートさせた。後に横浜に引っ越して小さなベンチャー企業の営業マンとなる。そこからひょんなきっかけでBSジャパンのプロデューサーとなるが、この頃にIT業界に転職したいと強く思う。そこで当時のヤフー・ジャパンの社長宛に直接手紙を書いてヤフー入社となる。まだADSL回線が主流で光回線とスマートフォンはほど遠い二〇〇二年のことだ。

ヤフーではマーケティングをやっており、なんとなく自分はしばらくそのままなんだろうと思っていた。ところがその時に楽音が三歳児検診で自閉症と診断される。その時はショックというよりは「自閉症ってなんだ？」であった。私たち夫婦としては「悲しい衝撃」というよりは「で、何をしたらいいの？」が先にきた。

ネットで調べて一つだけわかったのは、どうやら日本の自閉症の受け皿はかなり遅れており、UCLAのあるロスアンジェルスがすすんでいるらしい、ということ。そこでこれはロスに引っ越すしかないと思い仕事を探し始める。そんな時に奇跡的なタイミングで、知り合いだったベンチャーの社長から声をかけられる。後にTGC（東京ガールズコレクション）やキットソン（アパレル）で一世風靡した会社である。私はその子会社をロスにつくるというミッションを持って送り込まれた。

というわけで楽音の自閉症がきっかけで、二〇〇五年に妻と娘とネコと家族揃ってロスアンジェルスに引っ越すことになったのだ。それから九年間の療育（自閉症用のセラピー）生活を経て二〇一四年に日本に帰国。楽音（がっちゃん）が一四歳で中学一年生の時である。まだバリバリの多動症で一番大変な時期であった。ここから私の想定外の福祉の話が始まる。

障害者がかわいそうに見えるのは施設がかわいそうだから

いきなりだがここで福祉に関して私の意見から述べる。今最も福祉に必要とされているのは「オープンネス」と「センス」である。みなさんは「障害者」というとなんとなく「かわいそう」というイメージを抱いたことはないだろうか？　実は福祉業界に入る前の私が勝手にそう思っていた。そこで私はなぜ障害者がかわいそうに思えたのか考えてみた。

思いついた答えは、障害者がかわいそうなのは「かわいそう」に見える施設に通っているから、だということである。そしてこれには先ほど挙げた「オープンネス」と「センス」の二つが関係している。これが当事者として福祉業界に三年半身をおいてきた者としての実感である。この二つは今後の福祉を変えていくうえで最も重要なキーワードとなってくると思われる。

中学生になった楽音と日本に戻ってきた時に話が戻る。ちょうど夏休みの時期だったので、最初は自分の子どもを預けようと思って近所の放課後デイに見学にいってみた。その時に衝撃を受けたのだ。前々から日本の福祉は地味そうだと思っていたが、実際にいってみると地味を通り越してダサいのだ。空間もだしそこで働いているスタッフもである。

飾りっ気のない白い壁に貼られている折り紙の工作と、やたらと多い注意書きの手書きサイン。薄汚いパステルカラーのゴムマットに折りたたみテーブル。そしてテレビ一台しかない貧弱な設備。さらにはノーメイクで髪がパサパサの地味なスタッフ。そこにはセンスのかけらもないと感じた。

こんな殺伐とした場所で自分が長時間過ごしたいと思うわけもなく、であれば息子もこんなところで時間を過ごしたくないだろう、とあたりまえなことを考える。ちょっと気になって調べてみると日本の自閉症キッズの受け皿そのものがとても限られていることを知る。

自閉症キッズに適した環境があまりなく、選択肢も非常に限られている。多分一般の利用者は何も知らないので「福祉ってこんなもんなんだろう」と受け入れているのだろう。しかしアメリカで明るい福祉環境をみてきた私としては、それは受け入れ難かった。だって子どもの時にセンスの悪い環境で過ごしたら、将来の楽音の感性に支障をきたすではないか！

なら自分で動くしかない！

「うちの息子をダサい福祉施設に入れるのは忍びない」と私は考えこんでしまった。で、ふと思いついてしまったのだ。自分の息子の受け皿がないのであれば、自分で創った方が早いのではないだろうか。とはいってもこの業界に自分が入っていいものか悩んだ。

「福祉業界なんて自分に向いている業界だとは思えないし、どうしたものか……」

そんな私の背中を押してくれたのは私の友人である河野誠二である。彼はもともとは医大を出ていながら広告代理店に入り、後に医療メーカーのマーケティングをやっていた。この時に私が彼を引き抜きTGCの運営会社の人事部長をやってもらっていたのだ。後に彼は再び大手の医療メーカーに転職し、そこで新規事業をやっていた。

私はロスから戻りひさしぶりに彼とランチの約束をしていた。この時に彼に日本の福祉環境の受け皿が惨めでひどいという話をした。すると河野が「だったらうちらでつくっちゃいましょうよ、のりさんがやるなら自分もやりますよ」といった。私一人では福祉業界に足をつっこめる自信はなかったが、河野と仕事をできるのであればなんとかなりそうだという気がした。

確かに他人が作った既存の福祉環境に文句をいってもはじまらない。自分自身でこの課題にとりくんだ方が確実に息子のためになるであろう。これはもう自分が動くしかない。私は腹をくくって、河野と二人でお金をかき集めて株式会社アイムを登記する。

最初は会社の名前をどうしようかと思案していたらうちの顧問からアドバイスを頂いた。「子ども

が発音しやすい単語で、ア行から始めること」といわれる。さらに「福祉業界をみるとパステルカラーの会社が多いから、反対をいって原色にしなさい」というアドバイスもいただく。天才マーケッターである顧問の意見は切れ味がいいなと感心した。

そこで帰りの電車で「ア、ア、I am、I'm」と思いつく。そして「:」を大きくして顔にすればかわいいアイコンになるだろうと思いつく。そんなわけで現在のアイムのロゴマークは「:」をもとにした黄色いスマイルフェースに赤のバックとなっている。ちなみに我が社のキャッチコピーは「全ての個性にハッピーを!」であり、ドメインは imhappy.jp となっている。

放課後デイの指定通知がきた！

アイムとしての事業の最初にでてきた課題は当然ながら「どうやったら福祉施設として指定業者になれるのか？」である。そこで川崎市役所に電話をいれて福祉施設の担当者にアポイントメントをいれる。出てきた担当者に「放課後デイを申請したいのですが福祉は初めてなのでどうしたらいいですか？」と聞く。すると向こうもきょとんとした顔をした。全身黒い服装でサングラスを胸にぶらさげていたから、場違いにみえるのも当然だろう。

「うちの息子が自閉症で、アメリカから帰ってきたんですけど、日本の施設が親として納得いかないので、自分で創りたいと思いまして」

「はぁ、そういうことですか……。ではお渡しする申請書を全部埋めてもってきてください」

「埋めればいいんですね、わかりました！」

ということで私は何も知らないまま書類を持って帰った。

家に戻って書類に目を通してみると何やらわからない専門用語が沢山ならんでいる。しかも福祉業界でない人にとってはとっつきにくいフォーマットとなっている。事務作業が大嫌いである私は目の前がまっくらになったが、これをやらないと始まらない。知人からは「行政書士にお金を払えばやってもらえるらしいよ」といわれたが、私はこの事業の肝がこの書類そのものにあると直感した。

行政の規制にのっとって施設を運営するのだから、書類だけは自分が熟知しておかないと後で困るだろう。とりあえず書類を一枚ずつ埋めていけばいずれ終わるだろうと作業を始める。埋めていく書類を進めていくと、物件の図面と契約書、雇う従業員の資格の証明書類などが必要なことがわかる。つまり物件と人探しを同時にやらないといけないのだ。

物件を決めるうえで、そもそもどこのエリアに放課後デイを出したいか決めないといけない。私は実際に田園都市線のいくつかの駅周りを全て歩き回って雰囲気を感じ取った。そしてどうやら宮前平がいいだろうと決める。なぜなら駅前の急な坂にマンションが並んでおり、ニュータウンの雰囲気があったからだ。ここなら新しい家族が引っ越してきていて、新しいものに拒絶反応を示さないだろうという直感があった。

それから一か月かけて物件と人を探し出し、書類も全て埋めて市役所に持って行く。向こうもうちがそんなに早く書類を用意してくるとは思っていなかったらしく驚いていた。そして翌月には無事に放課後デイの指定書が届く。河野と放課後デイをやろうと決めてから二か月後のことである。

「河野、指定書が本当にきちゃったぞ！」

「これはもうやるしかないね」

ということでアイムの「アインシュタイン放課後」が宮前平に二〇一五年三月にスタートする。それから二年以内に高津、新百合ヶ丘、武蔵小杉と合計四つの放課後デイの設立がつづくことになる。それと役員である河野の地元である岡山県真庭市に地元貢献（一件もなかったので）として「ピタゴラス放課後」をつくった。

今でこそ笑い話だが、この後オープン当時からいきなり福祉業界で苦労の洗礼を受けることになる。出だしからすぐに暗礁にのりあげ挫折を味わうことになった……。

福祉を始めるにはどうしたらいいの？

福祉において自分で動こうと思ったら、福祉施設を自分で運営するのが手っ取り早い。誰にも文句をいわれず自分の理想とする福祉を実現することができる。この本の読者には自分自身で福祉を始めてみたいと思われる方も多数いると思われるので書いておく。

放課後デイのオープンは三月だったのだが、実はそれより前の一月に指定業者としての許可が降りていた。民間企業出身の感覚としては、「放課後デイを開いてもよい許可書をもらった」という感覚であった。ヤフーショッピングとか楽天に加盟した感じで、指定書をもらったら好きな時にオープンできるものばかりだと思っていた。

それで一月と二月は生徒がいなかったのでスタッフも配置していなかった。規定上では行政が定めたスタッフの配置基準（放課後デイだと資格者三人）というものがあり、これを満たしていないと売上げに対して減算（罰金みたいなもの）をくらってしまう。しかし最初の二か月は生徒がいなかったので売上げもゼロということで、減算の発生のしようがないため、問題はないと思っていた。ところが後に行政の方から「一月の指定を受けたら一月一日からスタッフを揃えていないといけないです！」と叱られてしまう。

福祉を始めた時にさらに謎だったのは、指定を受けたあとに行政から送られてきたのは、ペラの用紙2枚だけであった。福祉施設として指定を受けた通知と請求のために使うＩＤの通知のみだ。私はてっきりヤフーショッピングみたいに「ようこそ福祉業界へ歓迎します！　開店までの手順です！」

みたいなマニュアルのパッケージが送られてくるものばかりだと思っていた。

私は二枚の紙を机の上に並べてしげしげと見つめていた。「で、ここから何をどうしたらいいのだ？　生徒が実際にきたらどうするのだ？　どうやって請求を起こすのだ？　そもそも生徒につき一人いくらの報酬がもらえるのだ？　毎日何かの記録を残す必要があるのか？」などなどと疑問が湧いてくる。が、聞ける人が周りに誰もいないところから始まったわけである。

そしてここでもう一つ行政に対する新鮮な驚きがやってくる。福祉は医療と同じで、提供したサービスに対して「単位」（売上げ）がつく。これは行政が毎年出しているガイドラインを示した本にも記載されている。この本をよく読み込んでいくと、基本的な単位とは別に様々な「加算」（特別な手当）がつく。これが専門用語だらけで意味がわからないのだ。厚生労働省の職員はわざと難解な文章を書くように指示されているのか、あるいは高度な文章を書くのが仕事だと思っているのではないだろうか？

市役所にいって担当者に聞くとひたすら「本に書いてあるから」の一点張りで詳しく教えてくれない。他の制度に関しても聞いたことしか教えてくれず、親切に先回りをした説明をまったくしてくれない。最初は「予算の出し惜しみであまり規定を説明したくないのかな？」とか「行政のいじわるというやつか？」と勘ぐる。

そこでズバリ正面から「聞いたことしか教えてくれないのは出し惜しみか何かですか？」と聞いたら、「いえいえ違います、行政のスタンスとして聞かれたことしか回答できないのです」。え、なぜ⁇「アイムさんが質問していないことを行政から教えると、他の事業所にも全て同じ情報提供をしないといけないのです。そうしないと情報提供のえこひいきだと批判されてしまうので」。なるほど‼

行政ってある意味すごいなと感心する。

福祉はローリスクローリターン

ちなみにだが、介護のデイサービスであれ、就労支援であれ、放課後デイであれ、面積の規定や配置するスタッフの人数に大差はない。よって一つの福祉事業所をつくるのに初期費用は約一千万円かかる。この予算を食い尽くす前にいかに黒字に持っていくかがポイントであるのと、行政からの報酬の入金は二か月後であることを念頭に入れておく必要がある。

だから保護者にはいつも話しているのだが、もし既存の福祉施設に我慢できなければ、十家族が一家族百万円ずつ持ち寄れば自分たちの理想の施設を運営できてしまうのだ。もっともこれには一つだけ課題があり、株が十等分されるため、運営方針の意見がそれぞれ割れてしまうと経営そのものが破綻することになる。なので、誰にこの予算を預けて権限を持たせるかが肝になる。

最後に経営面に関していうとローリスク、ローリターンである。一千万円でラーメン屋をオープンしてみて外す確率に比べるとリスクは低いだろう。福祉は利用者さえきてくれれば行政が報酬を支払ってくれるので、潰れることもない。と、同時に売上げの上限は規定によりキャップがかけられているため、当たればものすごく儲かるということもない。

これを読んでピンとくる方もいると思うが、売上げの上限が決まっている以上、ビジネスとして考えればコストを削減するしかない。これが現在の福祉を歪ませている要因の一つでもある。次にこれに関して話をしていく。

当事者でないと福祉業界は歪みやすい

うちは「株式会社」として福祉業界に参入した。NPOとして登記すると、周りも「非営利だからボランティアでゆるく参加すればいいでしょう」というイメージを持たれると思ったからだ。同じ理由からアイムでは「ボランティアはいりません、時給を払うからきっちり仕事してください」と説明している。

ちなみにある学校に挨拶にいったところ、校長先生から「おたくは株式会社で利益追求型だから、学校としてあなたたちと会うことはできない！」と強くいわれたことがある（学校はいつから共産主義になったのだ？）。これも不思議な言動で、NPOであろうが社団法人であろうが株式会社であろうが、福祉の制度は同じである。どんな法人形態であれ、同じ報酬をもらい、同じ人件費を払って、同じ税金を納めている。

そしてここで次の福祉の矛盾点がやってくる。施設のサービスや空間の質を問わず、報酬単価は全国ほぼ同じである。売上げの上限が決まっているのであれば、コストを削減すればするほど利益を出せる仕組みになっている。ということはビジネスとして考えれば全ての経費を削るのが正解である。その結果殺伐とした放課後デイが多くなるわけだ。

しかし私は自分の息子のために放課後デイをはじめたので、儲かったところでうちの息子がつまらなければ意味がない。そんなわけでアイムでは空間にこだわっており、アスレチックやボルダリングの入っている放課後デイもある。そしてITにも力をいれており、生徒が一人一台パソコンを使えるようにしたり、ＶＲ（仮想空間）や音楽スタジオを導入している。

しかし放課後デイの中には空っぽの教室にテレビ一台と折りたたみのテーブルのみというところも多い。そのうえ壁も床も汚い。明らかにお金がかかっていないのである。でも生徒は満員なので、このボロい教室の運営者は利益をどこにもっていったのだろうか？　と考えさせられる。

よく寄付をする団体と話をしていると「みすぼらしい施設に寄付をしている」というから、それは真逆だからやめなさいといっている。行政から指定されている福祉施設なら、どこでも売上げは一緒なので、みすぼらしい施設ほどコストを削減して利益を出しているのだ。逆にきれいな福祉施設ほど余分な予算を割いて努力しているので、そこにこそ寄付をするようアドバイスしている。

で、ここで素朴な疑問が湧いていくる。この施設の運営者は利用者をこんなボロいところに通わせていてなんとも思わないのだろうか？　そしてこんなところに通わせている保護者も疑問を持たないのだろうか？　私は最初に福祉施設をみたときに「障害者がかわいそうに見えるのはかわいそうな施設に通っているからだ」と思った。

福祉施設のステータスを上げれば、障害者のステータスも上がる。そこでアイムの目標は「健常者がうらやましいと思う施設」である。現に放課後デイもグループホームも就労支援も一般の人から「うらやましい」といわれるようになった。「すみませんね～、受給者証ないと通うことができないんですよ」ということができれば福祉の勝ちではなかろうか。

福祉は「外側」でなく「内側」とのせめぎ合いである

放課後デイの指定もとれ、空間も整えて準備万端だったものの、いきなり最初からつまずくこととなる。肝心の生徒が全く増えなかったのだ。理由は明白で、この業界で常識である「療育」をアイムがやらない方針を打ち出していたからだ。当然見学にきた保護者は「ありえない」といった表情で、その後戻ってくることはなかった。

しかし私は自分の息子の子育て経験から療育に答えはないと確信していた。とはいっても生徒が揃わず売上げもたたず、最初の三か月で準備した資金を使い果たしてしまった。

問題はさらにあった。少ないながら通ってくれた生徒保護者は、子どもにあれを教えてくれ、これを教えてくれと現実離れした細かい要求をしてくる。とはいっても自閉症の子どもたちと親の理想的な要求の間には大きな隔たりがあった。ここで保護者とのせめぎ合いが始まる。

さらにもう一つの闘いがあった。規定上、福祉の資格者を配置しないといけないのだが、その資格者たちが福祉業界の慣習を持ち込むのだ。子どものためにこうするべきだ、ああするべきだと強くいってくるのだが、私からすると親の方がニーズを知っている。専門家というが、自分の子どもが自閉症でもなんでもなく、なんでそう決めつけられるのか不思議であった。

というわけで、最初は息子のために理想的な福祉施設を目指したものの、制度と現実の隔たり、生徒保護者との隔たり、福祉の資格者との隔たりの三つのギャップと闘うことになる。私は最初福祉の仕事を始める際に、闘う相手は障害者を理解してくれない「外側」だと思っていた。しかし実際に福祉の仕事に入ると弊害は「内側」にあったのだ。

制度のギャップに関しては法律を変えない限りどうしようもできないところがある。だからこちらも行政の書類を読み込んでどうやったら制度と闘わないで制度を活用できるか知恵を振り絞っている。一方、スタッフと保護者の二つは意外な方法で解決することができた。

まず教室に細かい注文をしてくる保護者に「まずは現実を見てから注文してほしい」といって、教室でスタッフとして働いてもらうことにした。すると、現場での自分の子どもの振る舞いや、他の生徒たちをみて、自分の要求が現実的でなかったことを知る。その上で親として子どもにどういう環境を提供できるか一緒に考えてくれるようになった。

現在アイムのスタッフの約半分は保護者である。だから当事者の目線で子どもたちのニーズを拾っていくことができる。この結果、福祉の資格者たちも自分たちの一方的な方法論を押し付けることがなくなった。なぜなら保護者と同等の立場に置かれるようになり、「利用者」として下にみることがなくなったからだ。また保護者と仕事で接するうちに生徒の二四時間のリアルが伝わるようになった。

今回は限られた文字数の中で私の三年半の福祉の何を語るべきかかなり思案した。この本の読者の中には福祉業界に参加したい人、福祉に関心を持っておられる人が多いと思う。それで福祉に関わるとはどういうことかを伝えたかった。福祉は理想論だけではなりたたず、感情論や根性論だけも成立しない。そこには経営という現実、規制という制約、従事者と保護者とのギャップなどが存在する。

最後に一つこの点を述べて終わりたいと思う。私は福祉を「システム（仕組み）」だと考えている。人助けとかをして「感動」することが福祉の目的ではない。感動とかいったものは福祉活動から生まれる副産物でしかない。足が弱い人のためにエレベーターを設置する。エレベーターは「システム」

なのだ。アイムでは自分の息子のために、そしてうちの教室に通っている生徒たちの将来に向けて、長期的に役に立つ「発達障害の人生インフラ」の「システム」を構築していくために奮闘中である。

第3章

「あなたはひとりじゃない」を伝えたい

〜第一回LGBT成人式＠埼玉

松川莉奈

二〇一六年二月六日

「すみません、メールで予約した者ですけど」

開場予定時刻の数分前、二月だというのに額から汗を流しながら走り回っていた私は、ふと小さな声に呼び止められた。振り返り、所在なさげに立っている声の主と対面した瞬間、「ああ、この会を開いてよかった」という想いが、一気に溢れてきた。「『あなたはひとりじゃない』ということを伝えたい」。その一心で始めたＬＧＢＴ成人式＠埼玉。やっと、その想いを初めて届けられる日が来たのである。

「こういったイベントにはよく参加されるんですか」

「いえ、初めてです」

メイクルームへ案内しながら、私は緊張で表情が硬くなっているその参加者に話しかけていた。東京都内では、ＬＧＢＴ[1]関係のイベントが他の道府県に比べて多く催されている。そのため、別のイベントで会ったことのある人とまた別のイベントで再会して顔見知りになる、ということが少なくない。参加者同士が「久しぶり～！　元気だった？」と再会を喜び合う場面は、東京のＬＧＢＴイベントではよく見る光景だ。

対して、隣の埼玉県はどうか。会場を見渡してみると、みんな緊張した面持ちでソワソワしながら立っている。後にアンケートで確認すると、ＬＧＢＴのイベントに参加すること自体初めてだという参加者がかなり多かった。東京を一歩外に出るとＬＧＢＴの居場所がどれほど少ないか、実感できる。

ほどなくして、先ほどの参加者がメイクルームから出てきた。施されたメイクの、なんと薄いこと。事前にメイクサービスについてかなり入念なやり取りをさせてもらっていた私は「えっ、それだけでいいんですか?」という言葉を飲み込むのに苦労したが、それでもその参加者は、はにかんだような笑顔をようやく私に見せてくれて、「ありがとうございました」と言ってホールへ消えていった。

もしかすると、入念なやり取りはばっちりメイクのためではなく、初めてのメイクで不安からくるものだったのかもしれない。どんな気持ちでアイシャドウをのせられ、今どんな気持ちでホールに座っているのだろう。今日ここに来た参加者は、それぞれの「自分らしい格好」をして、今どんな気持ちでいるのだろう。まだ開演前だというのに、もう胸がいっぱいだった。

二〇一六年二月六日。第一回ＬＧＢＴ成人式＠埼玉はこの日、定刻を少し過ぎてから始まった。

動き出したきっかけ

「ＬＧＢＴ成人式」は、二〇一一年に早稲田大学の学生団体Ｒｅ《リ》：Ｂｉｔ《ビット》（現、特定非営利活動法人ＲｅＢｉｔ《リビット》）が東京で始めたイベントであり、「成りたい人になる」がコンセプトの式典である。参加条件は、年齢不問、セクシュアリティ――ここでは、性的指向や性自認といった性のあり方を指す――不問。

そしてドレスコードは「あなたらしい格好で」。一般的な成人式のように、女は振袖、男はスーツや袴といった、ジェンダーによる衣装分けはない。毎年開催される大人気のこの催しは、年を経るごとに「ＬＧＢＴ成人式＠静岡」「＠長崎」という形で、他の都道府県にも広まっていた[2]。

私がLGBT成人式に初めて出会ったのは、田舎から東京に出てきて三年目の冬。会場にはたくさんの参加者が「自分らしい格好」をしており、その姿はとにかく輝いていて、美しくて、かっこよかった。私自身「LGBT当事者」ではなかったが、普段感じている「こうあるべき」から解放され、イベントを心から楽しんでいた。

式典の最後、締めの挨拶が会場のスタッフより行われた時のことである。皆それぞれやり切った表情で前に立ち、式典へ込めた想いを話し出した。私たち参加者もスタッフの言葉を噛みしめながら、楽しかった一日を振り返っていた。そんな中、あるスタッフが次のような挨拶をした。

「この仲間に出会うまで、ゲイは世界で自分ひとりだけだと思っていました。今日は本当にありがとうございました」

私はこの挨拶がどうしても忘れられなかった。

それからしばらく経った頃、パソコンを眺めていると、「社会は変えることができる！」という文字が目にとまった。署名サイト「Change.org《チェンジドットオルグ》」からのメールだった。

「『変えたい』気持ちを具体的なアクションに高め、具体的な方法を学び、実際にキャンペーンを実行するまでを行う」――。

Change.orgと特定非営利活動法人コミュニティ・オーガナイジング・ジャパンが共同で主催するワークショップの案内だった。

当時の私は、「男らしさ」や「女らしさ」という社会からの押し付けに嫌気がさしていた。かといって自分が何をしたいのかわからず、ジェンダーやフェミニズムの本にあった言葉を借りながら、ただただ社会批判を友人へ語るだけの毎日だった。そのため、メールを見つけた瞬間「これだ！」と思った。しかし、同時にこうも考えた。

――けどこれって、その道の専門の人とかカリスマっぽい人が参加するものじゃない？

それでも湧き上がる興味関心をすでに抑えきれなくなっていた私は、とりあえずメールの内容を隅から隅まで確認することにした。すると、次のようなメッセージを見つけた。

「世界を変えるのはカリスマ的なリーダーしかできないというわけではない」

――どうやら私みたいな人間が参加しても大丈夫そうだ。

そう思えたところで、ようやく応募フォームに必要事項を打ち込み始めた。

Cさんとの出会い

ワークショップには、すでに社会のためにバリバリ活躍している受講生もいれば、私のように「社会に対してぼんやりとした不満はあるが、何から始めればいいのかわからない」という受講生もいて、少し安心した。Cさんもその中の一人だった。

レズビアンであることをカミングアウトしてくれた会社員のCさんは、自分の過去を私に話してくれた。同性が好きだと気付いてからは、周りと同じ一般的な「幸せ」――結婚して子どもを産んで幸せな家庭を築くという「幸せ」――を自分は手に入れることができないと、子ども時代ですでに気が付いていたこと。

学校では周りから浮かないために「ノーマル」な自分を作り上げ、常にその虚構を纏《まと》って友達との「恋バナ」に混ざっていたこと。夜になると、言いようのない不安を吐き出すかのように、よく嘔吐していたこと。厳しい寒さの日の夜、電信柱の影に長時間座り込み、凍えて死んでしまおうとしたこと。大好きな母親を悲しませたくない一心で、どうにか踏みとどまったこと。好きな子に初めて告白した時、自分のセクシュアリティを初めて他者に受け入れられて心からうれしかったこと。大人になって、東京のＬＧＢＴイベントに参加するようになってからは「ありのままの自分」を楽しめるようになったけど、地元の埼玉に戻るとまた自分を隠して生きていく日常に戻らなくてはならないこと。時に涙を流しながら打ち明けてくれるＣさんを見て、私の頭にあのセリフが浮かんできた。

「ゲイは世界で自分ひとりだけだと思っていました」

Ｃさんと私は、「自分の求める性のあり方を表に出せずに孤独を感じている人が、自己を肯定して生きていける社会」の実現を目指して、ｉｎｇ《イング》(3)!!というチームを結成した。そして、そのゴールに少しでも近づくために、Ｃさんの地元埼玉で「ＬＧＢＴ成人式＠埼玉」を開催することを決めた。一〇〇名の参加者を集めて、自分たちの地元でありのままの自分を祝福し合おう。そして、「あなたはひとりじゃない」という想いを伝えよう。開催を宣言して、ワークショップは終了した。

二名からのスタート

イベント開催を決意したものの、スタッフ二名でどうやって参加者一〇〇名のイベントを開催するのか。最初のミッションは、必要な人手を集めて実行委員会を結成することだ。

私とＣさんはとにかく、「ＬＧＢＴ」や「性教育」といったキーワードが入っているイベントを探し、そこへ飛び込んでいった。そこで気になる人物や団体を見つけては、アポイントメントを取り、会って話をした。

幸い、実に多くの人々から「この人を紹介できる」「集客に協力できる」という言葉をいただけた。実績も何もない私たちに温かい支援をしてくれた方々には、感謝してもしきれない思いがした。ただ、肝心の実行委員はなかなか見つからなかった。発起人の私たちも含めて、多くが仕事をしている社会人である。私たちは、一緒にやりたいと思う相手に対して積極的に会いに行き、「なぜあなたはLGBTについての活動をしているのか」を聞き、自分たちからは「なぜ私たちがそれをやりたいのか」を一生懸命伝えた。そして考え方や理念が一致しているのがわかると「あなたと一緒にやりたい」を率直に伝えた。こうして、「『あなたはひとりじゃない』ということを伝えたい」という切羽詰まった想いに共感してくれる人を見つけた。生きる気力を無くした経験があり「LGBTは命の問題だ」と考える人が、最初に実行委員として名乗りをあげてくれた。こうして少しずつ仲間を増やしていき、最終的に総勢一四名の実行委員会を結成することができた。

メンバーを構成するのは、性教育やLGBTの問題に取り組む学生が数名と、二十～四十代の会社員、アルバイト、フリーランスの社会人。それも金融業界、運送業界、医療、教育、サービスという風に、年齢も職業もみんなバラバラだった。それが、「LGBT成人式@埼玉を開催させる」というただ一つの目標をもとに、結集したのだ。

早速東京で開催されたLGBT成人式を参考に、皆でプログラムを考えた。理想は、参加者が未来に希望を抱いた状態で帰ること。どんな登壇者に、どんな話をしてもらおうか――。皆でワクワクしながら案を出しあった。出演者が決まると、実行委員会を集めた時と同じように、出演してほしい人に対して式典の意義などを伝え、「あなたに登壇してほしい」とアタックしていった。ほとんど全ての方にＯＫをもらえたのが、開催へ向けての大きな推進力となった。

ぶつかった壁

こうしてみると、一回目のわりにはかなりスムーズに進んでいるように見えるが、困難や失敗は山ほどあった。

まずは運営面だ。私を含めてコアチームはみなイベント初心者であり、初開催のイベントに必要なこともよくわかっておらず、湧いて出てきた仕事をできる人がやるという感じだった。

「大丈夫なの、この企画」と心配した人は、実行委員会以外にもたくさんいただろう。実際に、「時期尚早では」と指摘されたこともあった。私はプレッシャーに何度も負けそうになった。この時支えてくれたのが、実行委員会の副代表となっていたＣさんの言葉だ。

「全ての準備が整うことを待っていては、いつまでたっても何も始まらない。まずはスタートさせることに意味があるのだから、それを私たちでやろう」

そうだ。誰かが社会を変えてくれるのを待っていては何も始まらないから、自分たちで動き出したのだ。Ｃさんのおかげで初心を取り戻すことができ、私たちは再び走り始めた。

常に慌ただしい私たちだったが、本当に多くの人が温かく応援してくれた。夜を徹して準備してくれる実行委員もいた。周りの支えがなければ、絶対に実現できなかったと思う。

次に、個人的に大変だったことが「代表を務めること」だった。私は実行委員会の代表となっていたのだが、選ばれた主な理由は「本名で顔出ししながら活動できるのが松川しかいないから」。とはいえ嫌々やっていたわけではなく、むしろ使命感をもって精力的に取り組んだ。しかし、あらゆる集団において常に誰かに追従してきた私にとって、先頭に立つことはとにかく難しかった。決断を迫られた時はいつも自分の選択に自信をもてなかったし、よく他のリーダーと比べては「みんな堂々としていてかっこいいなぁ。自分とは違うな」と、肩を落とした。

自分のその考え方が変わったのは、ReBitの代表でLGBT成人式を最初にスタートさせた薬《やく》師実芳《しみか》さんと初めて顔を合わせた時だ。

本番も間近に迫ったある日、トラブルが発生して私たちは身動きが取れなくなっていた。そこへ、ReBitが一緒になって対応してくれることになった。私はそれまでの疲労と申し訳ない気持ちとで、おそらくかなり暗い顔でミーティングに臨んだ。

一方の薬師さんはというと——。

「初めまして！　やっぱり顔を合わせた方がハッピーですね！」

本番直前の難解なトラブル対応、こういう差し迫った状況でも、薬師さんは明るかった。そこで気が付いた。まだ何もやり遂げていない段階で、何度も何度も苦労を乗り越えてきた人と比べるなんて、なんて思い上がりなんだろう。トップに立つ人を元から違う人間だと思っていたが、これぞまさに偏見。物事を素早く的確に判断しながら会議を進める薬師さんの言葉には、それまで培ってきた経験を存分に吸収してしっかりと根を張った、確かな力強さがあった。そんな姿を目の当たりにして、私は自分が恥ずかしくなった。

上手くやるとか、代表にふさわしい人になりたいとか、そんなことは二の次なのだ。一番大切なのは、『あなたはひとりじゃない』を伝える」ことを、責任をもって必ず実現させる。このことをしっかりと心に刻んで、イベントの当日を迎えた。

迎えた当日

先ほどの参加者に加え、一三八名の参加者が「自分らしい格好」でホールに集まった。主催者がこのようなことを言うのは謙虚さに欠けるかもしれないが、本当に素晴らしい空間だった。一人ひとりが「自分らしい格好」に身を包み、ある人は堂々と歩き、ある人はドキドキしながら、席に座っていた。会場全体が見渡せる位置にいた司会者は、冒頭から何度も言葉を詰まらせるほどだった。

プログラムにあった「成人のことば」では、登壇者が自らの辛い過去のことや支えとなった周りからの言葉、そして未来への希望の話まで、勇気を出して話してくれた。これには、参加者だけでなく傍で聞いていたスタッフまで涙をこらえきれなかった。勇気をもって登壇してくれた「新成人」たちに、心から感謝したい。

トークセッションでは「ＬＧＢＴ当事者」である活動家や文筆家をゲストに招き、それぞれの子ども時代や日々感じていること、そしてこれからのＬＧＢＴのことについて幅広い視野で話をしてもらった。参加者は時に笑い、時に涙を流しながら、ゲストの言葉に真剣に耳を傾けていた。

こうして「成りたい人になる」ことへの祝福に溢れながら、第一回ＬＧＢＴ成人式@埼玉は幕を閉じた。「あなたはひとりじゃない」という想いが少しでも多くの人に届いていればと思う。

イベント終了後は、埼玉県内でちょっとした変化が起きた。当日取材に来ていた地元のテレビ局が、

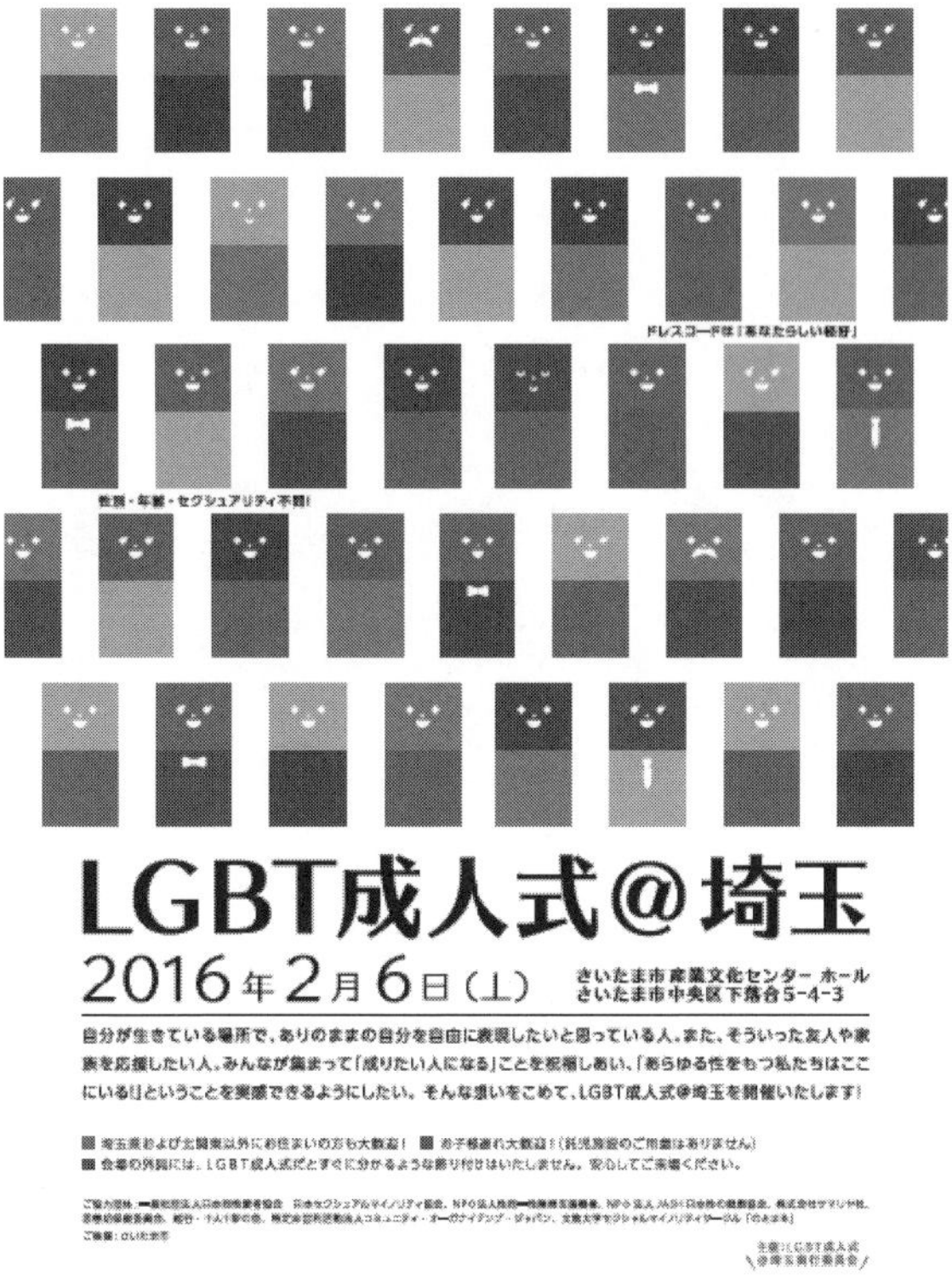

LGBTについて真正面から放送した。埼玉県議会議員が県職員と私たちとの意見交換会を開き、「LGBT当事者」が抱えさせられている問題について伝えることができた。今では、問題に関心をもった他の県議会議員の働きかけもあって、県がLGBTに関する条例の制定について言及するようになった。

そして二〇一七年一一月、埼玉では新たな実行委員会が結成され、「虹色の式典in彩の国さいたま〜第二回LGBT成人式@埼玉〜」が開催された(4)。様々なマイノリティに「成りたい人になる」を実現してほしい。そういった願いを込めて、タイトルを変更したのだった。第一回では開催地のさいたま市から後援を得ていたものが、第二回では埼玉県からも後援を得ることができた。ｉｎｇ‼はというと、企画運営から離れ、それぞれが別の形で関わるようになった。このイベントが次世代へバトンタッチされたことを、心よりうれしく思う。

「LGBT当事者」でない私

最後に、「ＬＧＢＴ当事者」ではない私が、なぜここまでＬＧＢＴ成人式＠埼玉にコミットすることができたのかについて触れておきたい。それは、「当事者」と「非当事者」という境界に抵抗したいからだ。

そもそも、何かをカテゴライズしようとすると、必ず誰かがこぼれ落ちるのであり、そのこぼれ落ちることの孤独さに声をあげてきたのだから、「ＬＧＢＴ当事者」と「非当事者」という線引きは本末転倒だと思っている。性は一人ひとり違っていて、私もその多様な性のうちのひとつに過ぎない。ではなぜ一人ひとり違うはずの私たちが「ＬＧＢＴ当事者」と「非当事者」に二分されなくてはならないのか。私たちを分断しているのは、この社会が当たり前だとするジェンダー規範、さらにそこから作られた社会制度ではないか。

例えば私は、「思春期になると誰もが異性に惹かれる」という教科書の言葉に深く傷つけられることはなかった。成人式で決められたドレスコードを着るのが苦痛で出席できない、ということもなかった。パートナーが急に倒れて入院した際、親族ではないことを理由に面会ができないなんてこともない。ＬＧＢＴであるがゆえにぶつかる壁があり、それにぶつかる者が「ＬＧＢＴ当事者」となり、ぶつからない者が「非当事者」となるのである。私は明らかに「非当事者」だ。

なぜ私と友人たちとの間に、このような理不尽な分断が起きなければならないのだろう。

そして、東京のＬＧＢＴ成人式のスタッフの言葉

「ゲイは世界で自分ひとりだけだと思っていた」が、どうして私の心に残ったのか。それは、私自身が「こんなオンナは世界で私だけだ」と思っていたためである。

女性はあくまで欲望の対象であって主体ではない。女に性欲はない。本気でそう思っていた私は、マスターベーションをしていた自分を長らく「おかしい」と思っていた。

「こんな自分は、誰にも知られてはいけない」

誰にも相談できず、「おかしい」自分をどんどん嫌いになっていった。

自分を肯定できるようになったのは、二十六歳になってからだった。『アンアンのセックスできれいになれた？』(5)という本にあった言葉が、私を救ってくれた。

「オンナだって、エロを主体的に楽しんでいい」

私はドトールの狭いカウンターに座りながら無我夢中で赤ペンを取り出し、まるで受験生のように必死になって線を引いた。自宅に帰り、ベッドの上でもう一度読み直した。涙が止まらなかった。私が「おかしい」と思っていた自分は、実は大したことなかったのだ。どうしてもっと早く気づけなかったのだろう。世の中には私のように、「女らしさ」「男らしさ」で目をふさがれ、孤独になって自分を責める人が大勢いる。

――自分と同じように「私だけなんじゃないか」と思っている人を、一人でもなくしたい。

このようにして私は、性のことでひとりで悩んでいた者として問題の枠を広げ、ＬＧＢＴを巡る問

題をとらえていた。もちろん、「ＬＧＢＴ当事者」の気持ちを全てまるっきり理解できるだとか、「当事者」になりきれるだとか、そういうわけではない。大切なのは、「当事者」の語りに「非当事者」がどれだけ耳を傾け、気持ちに寄り添い、一緒になって未来を作っていけるかどうかだと思う。

ＬＧＢＴだけはない。障害者、引きこもり、被差別部落、貧困、在日韓国・朝鮮人、オキナワ、フクシマ、女性、男性というように、誰もが何かの「当事者」であり、誰もが何かの「非当事者」なのだ。私たちを「当事者」と「非当事者」に分断しようとする力に常に抵抗し続け、作られた境界を共に超えていこうとすることが、社会を変えることにつながるのかもしれない。

注

（1）ＬＧＢＴとは、Lesbian（女性同性愛者）／Gay（男性同性愛者）／Bisexual（両性愛者）／Transgender（性別違和を感じる者）の頭文字をとった単語で、セクシュアル・マイノリティ（性的少数者）の総称のひとつ。ただし、右の四つのカテゴリーにセクシュアリティを限定するものではない。

（2）ＬＧＢＴ成人式は二〇一九年現在、北海道、秋田、岩手、石川、長野、茨城、群馬、埼玉、東京、静岡、愛知、大阪、鳥取、愛媛、福岡、佐賀、長崎の地域で開催されてきた。ＲｅＢｉｔが東京で主催するＬＧＢＴ成人式は、二〇一八年を最後に終了しており、現在では他の都道府県でのＬＧＢＴ成人式をサポートする形で携わっている。セクシュアル・マイノリティに関する活動が全国に広まり、若者たちがエンパワーメントされている状況を踏まえ、ＲｅＢｉｔは次の段階――発信したい人を応援する立場――へ舵を切ったといえる。

（3）二〇一五年六月結成。埼玉県を拠点に活動している。第一回ＬＧＢＴ成人式＠埼玉の企画・運営を行う。現在はさいたま市でセクシュアリティ不問の交流会「井戸端ばなし」を定期的に開催している。

（4）二〇一九年二月には、虹色の式典ｉｎ彩の国さいたま～第三回ＬＧＢＴ成人式＠埼玉～が開催された。

（5）北原みのり『アンアンのセックスできれいになれた？』朝日新聞出版、二〇一一年。

第4章

ホームレス問題を解決する六つのチャレンジ
～ビルの軒先を借りて行うシェアサイクル

川口加奈

一四歳でホームレス問題に出会った

大阪市西成区にある釜ヶ崎は、人口比で言うと日本で一番多く日雇い労働者、ホームレス、そして生活保護利用者が集まる地域だ。私は中学生で電車通学が始まり、この釜ヶ崎のある新今宮駅で乗り換えるようになった。すると、同級生の中にはわざわざその地域を避けて通学する友人もいて、私の親からも「あんたも近寄ったらあかんよ」といわれていた。しかし、反抗期ということもあり、近づくなと言われるとますます行ってみたい気持ちが膨れ上がり、親に内緒で、釜ヶ崎で行われている炊き出しに参加したことがホームレス問題との関わりのきっかけだ。

そんな釜ヶ崎に足を踏み入れることになった一四歳の私は、正直、とまどった。なぜなら、釜ヶ崎で道行く人たちはほとんどが男性で、昭和を彷彿とさせる建物群や、道ばたで寝ている人がずらーっと並ぶ光景を初めて目の当たりにしたからだ。日本にこんなところがあったのか。そんな印象だった。

ホームレスについて知る

釜ヶ崎で炊出しに参加すると、それまでは、まるで人種を指すように「ホームレス」とひとくくりにしてきたが、「ホームレス」とは一体どういう人たちなのだろう、周りの大人が言うように「勉強しないとホームレスになる」のだろうかという疑問がわいてきた。そこで、炊き出しの運営に参加していた元々、ホームレスだったという方にたずねてみた。すると、「わしの家は貧乏で、勉強していたら働けと怒られた。高校なんていかせてもらえなかった。働くしかなかった」という答えが返ってきた。当時の私にとっては、この回答は衝撃だった。親から当たり前のように勉強ができる環境を与えられて、勉強していなかったら怒られて、勉強を頑張るか頑張らないか、私は自分で決めることができた。しかし、ホームレスの人の多くはそもそも勉強できる環境にない、自分の努力だけではどうしようもできない背景があったということを知った。その背景には、貧困の連鎖があったのだ。

また、貧困の連鎖だけでなく、日本は構造的にホームレス状態を生み出しているということも知った。たとえばそのひとつに、非正規雇用の問題がある。平成二八年に行われた厚生労働省の「ホームレスの実態に関する全国調査」で、ホームレス状態になる直前についていた仕事の従業状の地位について、五〇・八％が非正規雇用で働いており、さらにそのうち、日雇いは二六・七％を占める。日雇いとは、朝に雇用されてその日の夕方に解雇されるような労働形態だ（法律上では三〇日未満の労働を指す）。二〇一六年、日本全体の被雇用者のうち、非正規雇用は約三割、日雇い労働者は一・七％なので、非正規雇用や日雇い労働に従事していた人がホームレス状態に陥りやすいということは、当時、中学生だった私でも理解できた。釜ヶ崎にホームレスの人が多いのは、日本の高度経済成長期に日雇い労働者がこの地域に集められたからなのだ。

非正規雇用や日雇いといった労働形態がなくては、日本の経済は成り立たないにもかかわらず、その仕事に就いた人がホームレスになりやすいのだとしたら、自業自得では片づけられないのではないかと感じた。また、大阪市内では多い年で年間二一三人ものホームレスが路上で亡くなっている。凍死や餓死する可能性もある路上生活を誰がやりたくてやっているのか、誰がなりたくてホームレスになっているのかと思った。

問題を伝える

そのような炊き出しでの体験を経て、ホームレス問題に対して私も何かアクションを起こせないかと考えるようになった。初めは、会ったことも話したこともない人を、自業自得だ、怠けていると決めつけていた、そんな偏見に満ちていた自分の贖罪の気持ちから何かしたいと思ったのかもしれない。それから、ホームレス問題について調べるようになったある日、同年代の若者がホームレスへの襲撃を繰り返しているという新聞記事を見かけた。その少年たちの「社会の役に立たないホームレスを掃除してやっている」という供述を読んで大変ショックだった。と同時に、ホームレスになる本当の原因を知る前の自分と同じことを思っているのではないかと考えた。では、その少年たちと自分の違いは何か？　と考えると、知る機会があったかなかったかの差ではないかと思った。それなら、知って終わりにするのではなく、知ったからには知ったなりの責任、今度は、問題を伝える側になる責任があるのではないかと思い、この問題を人に伝えようと決めた。その日から、全校集会でホームレス問題についての作文を読んだり、校内で新聞を発行したり、炊き出しのための募金活動をしたり、少しずつ活動をし始めた。また、自分の学校だけではなく、他校の生徒を一〇〇人招きワークショップを二泊三日でするなど活動は広がっていき、一六歳の時にはボランティア親善大使にも選ばれ、国際会議にも参加した。

しかし、中学、高校での自分の活動を振り返ると、活動の前後において、路上で亡くなる人がいることに何の変化もなかった。路上生活から脱出したいと言う人にできることも何もなく、ホームレス状態を少し良くするだけの対症療法的な活動に留まっていたのだと気づき、そうでなくて、もっと根本的に問題を解決する活動はできないものか、社会の構造自体を変えていかなければと思うようになった。そして、ホームレス問題の研究で有名な大阪市立大学に進学した。そこであった仲間と一緒に、「ホームレス状態を生み出さない日本」を目指して、二〇一〇年、十九歳の時にHomedoor（ホームドア）を立ち上げた。

Homedoor 設立

当初は、何をするかは全く決めていなかったが、「ホームレス状態を生み出さない日本の構造にすること」を団体のビジョンにすることは決めていた。そして、そのビジョンにぴったりな団体名も決まった。駅のホームからの転落防止策であるホームドアのように、「人生の転落防止の最後の柵」な、そして、「ホームレスの方が自分の居場所だと思えるホームへのドア」のような役割を担う団体に。そんな二つの意味を込め、Homedoorと名付けた。

少しずつ団体の軸が固まっていく一方で、肝心の事業を何にするかはなかなか決まらなかった。起業やビジネスというものに関して疎かった私は、とりあえず、当事者たちのニーズを把握しようと釜ヶ崎でモーニング喫茶をすることを思いついた。こうすることで、毎朝当事者に出会い、仲良くなった上で本心を聞くことができた。

その中で、なぜ一度ホームレス状態に陥ったら路上生活からの脱出が難しいのか、そこには、負のトライアングル（図4-1）があると気づいた。

図4-1　負のトライアングル

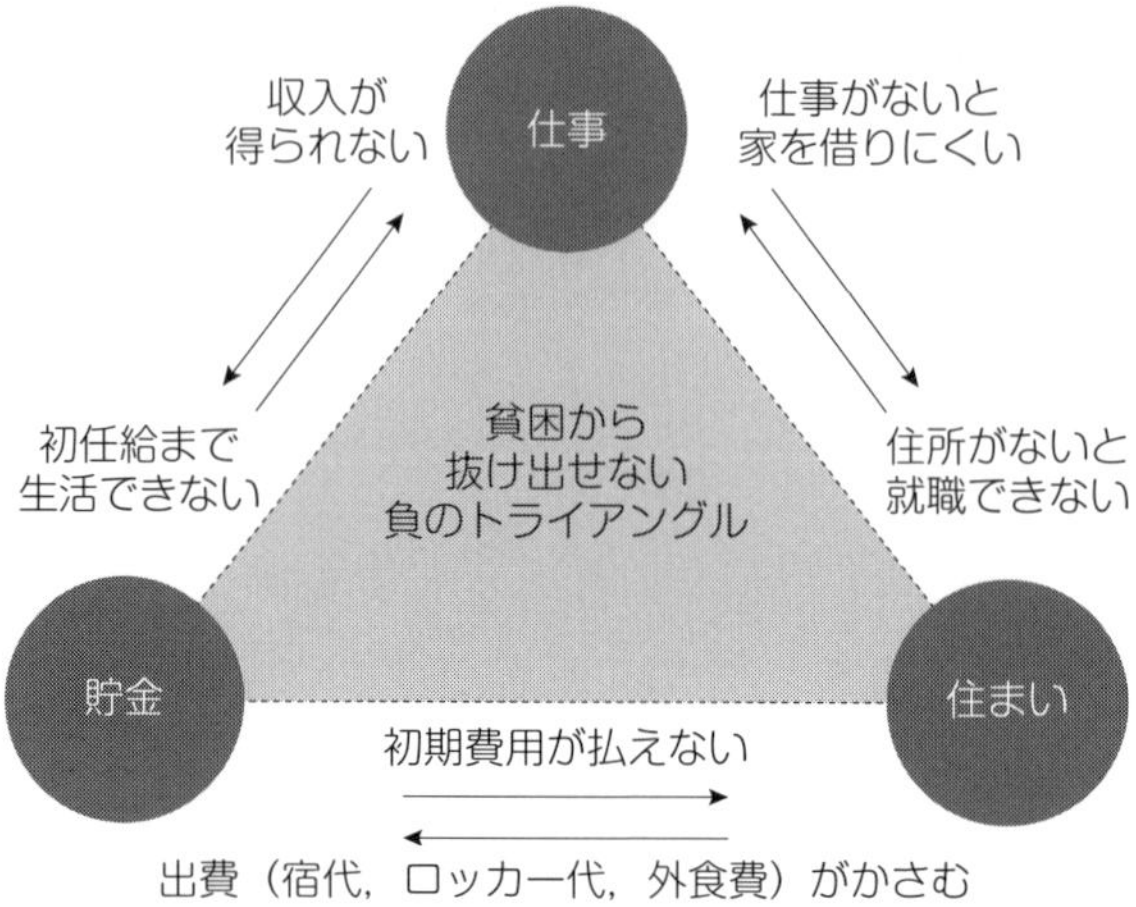

出所：認定 NPO 法人 Homedoor。

住まいがなくなった時、多くの人は「家を借りるために貯金をしたい。そのためにまずは仕事をしたい」と考える。しかし、住所がないと仕事がなかなか見つからない。厚生労働省の調査では、ホームレスの人の多くはなんらかの仕事をしているものの、その平均収入は月三万円ほどしかないという結果もある。また、運よく仕事が見つかったとしても給料がもらえるまでの間の生活費がかかってしまう。宿代やロッカー代、コインランドリー代など、家がないゆえにかかる費用もある。ホームレス状態で働き、家を借りる費用を貯めることは大変なのだ。

そこでHomedoorでは、この負のトライアングルがあることで、ホームレス状態からの脱出を阻む高い壁を少しずつ登っていけるような、ステップを提供しようと考えた。そのステップを、六つのチャレンジと呼ぶことにした。ホームレスの人に路上生活脱出の多種多様な選択肢を提供しようと、路上生活からでも働ける四種類の仕事、相談に来たその日から宿泊できる個室二〇部屋、食堂や健康相談会の実施も行っている。

シェアサイクル HUBchari

六つのチャレンジの中でも、最初に取り組んだのは仕事作りであった。せっかく仕事を作るんだったら、当事者が得意とすることを仕事にできないだろうか、そんなことを考え、当事者たちに聞いて回った、すると、「自転車とかリヤカーで缶集めしとるから自転車修理くらいやったら自分でできるけどなー」という答えが得られた。

その日から、自転車修理の技能をつかって何かできることはないかと探し始めた。まず思いついた事業が、リサイクルした自転車をデザイン性の良いものにして販売していくことだ。しかし、あまり気が進まなかった。というのも、リサイクル販売だと他の自転車店と競合になり、もし私たちのせいで他の自転車店がつぶれ、そこでリストラされる者が出てしまうと、その人がホームレスになる可能性もあり、元も子もない事業になってしまうのではないかと思ったからだ。また、その自転車を買うのはいくらデザインが良かったとしても、結局はホームレス問題に興味がある人が、支援の気持ちから購入することになるだろう。これでは、いつまで経っても、ホームレスの方々は支援される側ではないのか。ホームレス状態を生み出さない日本の構造にしていくには、この支援する、支援されるというあり方から変えていかなくてはいけないのではないか、そう思った。そこでまた、一から考え直すことにした。そこで出てきたのがシェアサイクルだった。

シェアサイクルとは、レンタサイクルの進化版で、「こっちで借りてあっちで返せる」複数の貸出返却拠点のある貸し自転車のことだ。お客様は「電車に乗るにも歩くにも微妙な距離だなぁ」という時に移動手段として自転車を使え、ビジネスマンや通勤通学、観光客にも利用してもらえる、次世代の公共交通と呼ばれる仕組みだ。当時は、このシェアサイクルシステムはまだ新しく競合もいない、それに、ホームレス支援をしたくて使うわけではなく、「自分が使いたいから使う。そしたらそれが、いつの間にかホームレス支援にもつながっている」という形が作れる。リサイクル自転車販売では納得のいかなかった点が、シェアサイクルなら解決できたのだった。

私たちは、このシェアサイクルを「HUBchari」(ハブチャリ)と名付けた。自転車のタイヤのスポークが集まる中心部を「ハブ」といい、またその様子から、「ハブ」には「中心」という意味があった。そこで、HUBchari が設置されているハブポートが人やモノの交流の中心になっていけばなという願いと、関西人には馴染みの深いチャリという呼び名を合わせ、HUBchari と命名した。

シェアサイクルで重要になってくるのが、そのシェアサイクルの貸出や返却の拠点になる場所だ。拠点が多ければ多いほど、利便性も認知度も向上する。

シェアサイクルというしくみは元々ヨーロッパ発祥で、フランスでは一日一〇万人の利用があるとも言われている。フランスなどでは行政が主導となっていることもあり、道路上に貸出返却拠点が設置されていた。

そこで、私たちも大阪市に協力してもらい、道路上に HUBchari の拠点を作ってもらえないかと交渉した。しかし、当時の Homedoor は大学生が運営する実績も大して何もない団体。そんな団体にシェアサイクル用地を貸していただけるなんて夢のまた夢。せっかくの良いアイデアなのにと意気消沈した。どうすればいいのか、右も左も分からなくなってしまった。

社会を変えるノキサキ貢献

毎日毎日、どのようにすれば大阪でシェアサイクルができるのか、考える日が続いた。いつになったらできるのか、先の見えない日々であった。そんな時思いついたのが、企業のビルやホテルなどの軒先にある、ちょっと余っているスペースをCSR活動の一環としてタダで貸していただけないかということだ。ノキサキから社会を変える「ノキサキ貢献」と名付け、企業にノキサキ貢献をしていただけないかという営業をし始めた。

ところが、ノキサキ貢献と名付けた所で、企業側もそのような未知の貢献をしてくれる訳がなかった。何社も何社も回った。もう何社行ったのか、わからなくなるほどの営業の日々であった。「働きたい……」ホームレスの方のその声を励みに、誰もが働ける場所を探すんやと営業し続けたが、見つかる兆しは全く見えない中で半年が過ぎていった。

そのような中、とりあえず一週間程の実証実験をしてみたらどうかという提案を受けた。長期間いきなり設置してもらうのは、ノキサキ貢献先も抵抗があるが、実験として一週間だけでも設置してもらい、とりあえず実績を積もうという方針だ。そこでスタッフで再び手分けして、もう一度営業し直した。そしてようやく、ノキサキ貢献してくださる企業やカフェが集まって来た。二〇一一年七月三～十日まで、実証実験を梅田ロフトをはじめとする四か所で実施できることになった。

「こんなんあったらいいと思ってた!」。ロフトの前を通る四〇代男性のお客さんがにこやかにはなしかけてくれた。それだけではない。他の利用者の方や通行人の方も続々とうれしい感想をくれるの

だ。正直、利用者側のニーズに驚いた。これならいける！　という自信が出てきた瞬間だった。

実証実験後、各メディアも時期尚早ながらも注目をしてくれるようになった。それが実績となり、まず一か所で常設できるホテルが見つかった。次に、HUBchari スタッフになりたい人を探すべく、ホームレス支援団体に紹介をお願いし始めた。しかし今度は、スタッフについても壁にぶつかってしまったのだ。というのも、私たちが就労支援を行うのは初めてということで、中々ご紹介いただける団体が現れなかったのだ。再び時間だけが過ぎて行く日々だった。手当たり次第、お願いに回りようやく一名の五〇代後半の男性を紹介してもらえた。

二〇一一年一一月一七日。HUBchari に初めてスタッフを迎えた。初めてのスタッフとの面接、研修、働き始め。何もかもが新鮮だった。しかし、蓋を開けてみたら、来る日も来る日もお客さんは来なかった。次第に働くスタッフたちも心配をし出した。社長に会わせて欲しいと私に言ってくるスタッフもいた。私は事務の女の子だと思われていたようだった。こんな状況もあって、私はますます言い出せなくなってしまった。

そんなある日、あるスタッフの一人が看板を持って来た。「全部拾いもんで作って来たんや」と言って、お手製の看板を作ってくれたのだ。お金もなかったので、当時はHUBchariの看板もなく、そのスタッフの看板にどれほど助けられたかわからない。「また拠点ができたら、看板作ったるからな」。そんな言葉が励みになって、お客さんは全く来ていなかったが、とりあえず拠点を開拓しようと営業活動を続けた。そして少しずつ、ノキサキ貢献も増えてきた。

ノキサキ貢献がある程度増えてからは、今度は行政との提携ができないかと模索を始めた。結果、実験的ではあったが大阪市住吉区や北区と提携を結び、区役所の前や区の駐輪場にも拠点を設置した。また、二〇一七年一一月には、地元商店会のみなさんの後押しを受け、御堂筋という道路沿いに拠点を実験的に設置することができたのだった。二〇一九年四月現在では、株式会社ドコモ・バイクシェアとも提携し、大阪市内一〇〇拠点以上でご利用いただけるシェアサイクルへと成長した。

自立への道づくり

HUBchariで働いたホームレス経験者のうちの約半数が、働く感覚を取り戻し履歴書の空白期間を埋め、就労へのステップアップを果たした。単に収入を得られるだけではなく、当事者の特技を仕事

図4－2　アンドセンター

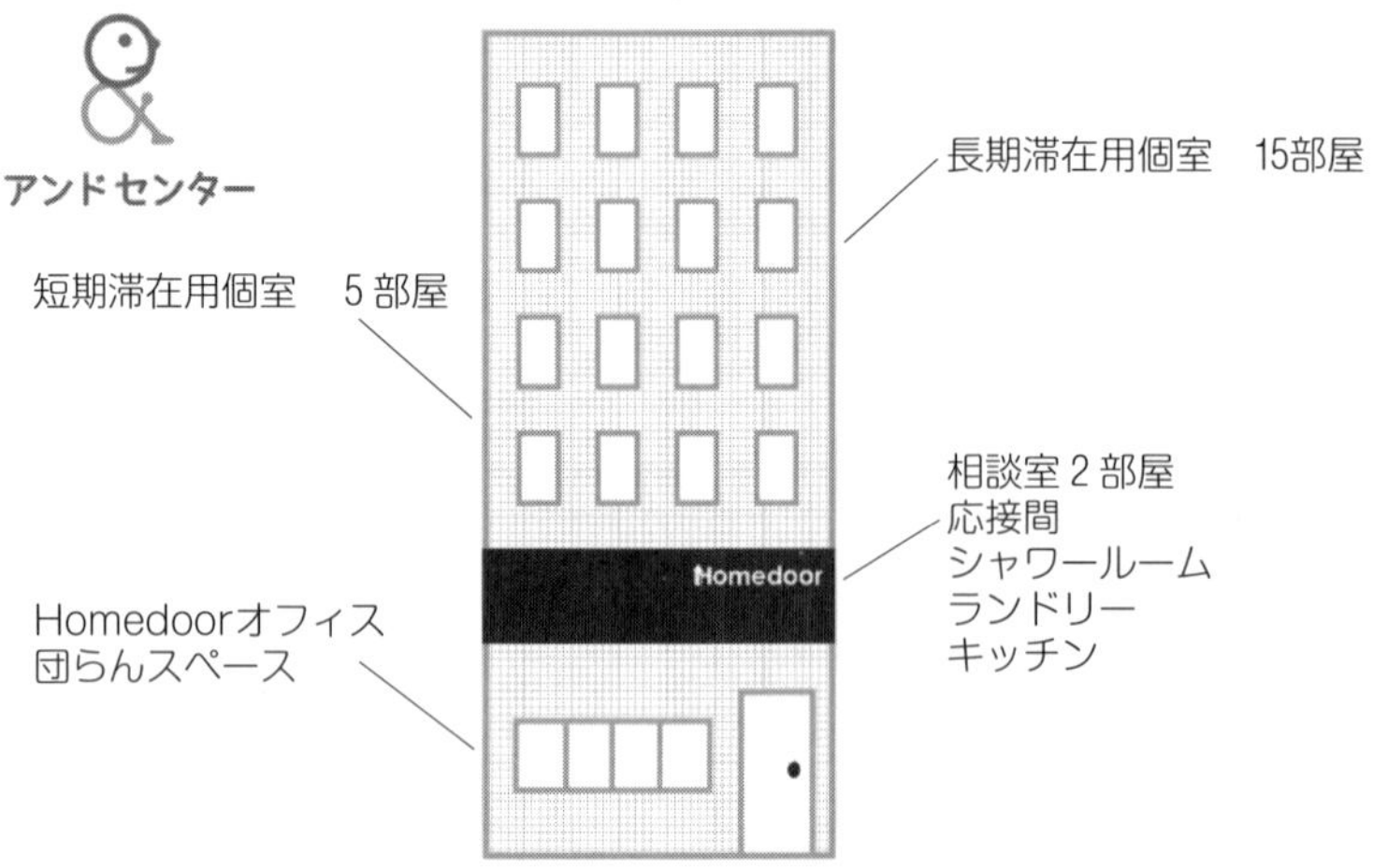

にしている、企業や行政と連携しており地域の課題を解決する仕事である、人とのコミュニケーションがある、といった働きがいや自己有用感を得やすい仕事であることが、ステップアップにつながりやすい要素だと感じている。

仕事づくりとしては、HUBchariのほかにも、行政や企業から受託している駐輪管理の仕事や、事務所内での内職や軽作業がある。駐輪管理の仕事は、シフトが安定しているので規則正しい生活のきっかけになり生活の見通しが立てやすい。内職や軽作業は、困窮具合が高い相談者がその日の生活費だけでもすぐに得たい時にその場で提供できるのが特徴だ。様々な特徴のある仕事を用意し、当事者の状況やニーズに応じてこれらを組み合わせ提供している。本格的に仕事の提供を開始してから五年間で、のべ二〇〇名近くの人が働いた。また、就労支援だけではなく、全国から相談者を受け入れ、相談支援や生活支援も行なっている。そんな相談者に対しては、六つのチャレンジにあるメニューをその人の状況に合わせて提供し、路上生活脱出のサポートを行う。二〇一八年度には三一三名が相談に訪れている。

二〇一八年四月からは、新しい取り組みとして「アンドセンター」を設立した。これは、二〇部屋の宿泊施設（図４－２）を提供しようというプロジェクトだ。

今の日本ではお金がなくなった、家を追い出されたとなった時、多くの人がネットカフェやファーストフード店に駆け込んでいる。実は、そういったところが日本の住まいのセーフティネットの役割を担っているのだ。そこを私たちは変えていきたいと考えている。生活に困窮した時、「とりあえず、あそこに行けば何とかなる」そんなふうに思ってもらえる場所がこの日本では必要なのだ。そんな場所の一翼を、このアンドセンターでは担っていきたい。相談に来たその日から、ゆっくり休んでもらえる個室が用意されており、働きたいと思ったらどんな人でも働けるよう多様な職種がある。また、様々な人との出会いやイベントなどの体験を経て居場所であると感じてもらい、健康に気を使った食事が摂れたり、定期的な訪問看護が受けられる。住まいを拠点に健康状態の改善や貯蓄をして生活の土台をつくり、仕事を通じて意欲の向上や周囲とのコミュニケーションを図る。この二つの歯車が同時にうまく回り、社会的なつながりを回復し、ホームレス状態から脱出できるようにしていくことが、私たちの目指す新たな「自分らしく生きるための道づくり」である。

知った責任

講演等で私の体験談を話すと、よく聞かれるのが「モチベーションは何ですか？」という問いだ。正直、モチベーションというのは特にない。

確かに、当事者たちが路上生活から脱出することができ、家を借りられたという報告を聞くのはとてもうれしい。ただ私としては、Homedoorというのは単なる一つの機会、選択肢でありたいと思っている。つまり、ホームレスの人をゼロにしたいという団体ではなく、路上生活から脱出したいと思ったら脱出できるチャンスがある、その機会を創り出す団体でありたいのだ。そのためには、支援の押し付けというのは良くないと思っている。だから、私が当事者たちの変化をモチベーションにするのは、当事者たちのプレッシャーにもなりかねないと考えている。そんな思いから、特にモチベーションというものは気にせずにこの十年近くやってきた。

では、そういう中で、やめない理由は何かと考えると、やはり「知った責任」があると考えている。たまたま、一四歳の時にホームレス問題を知ることができて、そこで、知って終わりにするのではなく、知ったからには何ができるのだろうか、何をすべきなのだろうかと自問自答した結果が今だと思っている。ぜひ、この本を読まれたみなさまにも、知った次に「もう一歩」どう踏み出せるかを考えていただきたい。そして、社会を動かす一歩を一緒に踏み出していければ幸いである。

第5章

「なぜ動いたか」ではなく「なぜ動き続けているのか」を考える

~実践者のはまりがちなワナ

坂爪真吾

「なぜ動いたか」という問いは適切か

ソーシャルアクションの実践者は、一言でまとめると「謎」の存在である。

より良い社会をつくっていくために、社会的課題を発見・可視化し、制度や政策の創設・改善を目指して世論に働きかける活動＝ソーシャルアクションは必要不可欠である。

しかし今の社会には、ソーシャルアクションの技術や理論を学ぶための学校もなければ、ノウハウを手取り足取り教えてくれる教師もいない。そもそも技術や理論自体が体系化されているとは言い難い状況だ。

そういった孤立無援の中で、誰からも教えられていないにもかかわらず、そして誰からも頼まれていないにもかかわらず、自らのキャリアを投げ打って社会的課題を解決するための行動を起こす彼らは、端的に「謎」の存在である。

社会的課題の解決に取り組んだところで、多くの場合、金銭的なメリットはほとんどない。周囲からは「寝た子を起こすな」「和を乱すな」と叩かれ、活動の受益対象者からも感謝すらされないことは日常茶飯事だ。世間から「変人」「おかしな人」扱いされることもしばしばである。

それゆえに、ソーシャルアクションを起こしているＮＰＯや社会起業家に対する世間の視線は、「なぜ彼らは動いたのか」といった動機付けに注がれることになる。「すごいですね」という尊敬の念と、「よくやるよな」という揶揄の念が入り混じった視線だ。

ソーシャルアクションを起こすにあたって、実践者自身の動機や原体験等がメディアや書籍等で売りになる場合もあるので、動機付けに対して関心が集まること、それを活用して自らの活動をPRすること自体は、悪い話ではない。

しかし現実には、全ての実践者が、ドラマや映画になるような分かりやすい動機や物語を持っているわけではない。私怨や義憤だけで動いているわけでもない。

私自身、ソーシャルな活動をやっている人間だと思われているが、社会的弱者と呼ばれている人たちに対するヒューマニズムや同情心、社会の不条理や無関心に対する義憤だけで動いているわけではない。そうした感情が全くないと言えば嘘になるが、それらが主たる原動力にはなっていないことは確かだ。

ソーシャルアクションを起こす人たちの内面には、表面的な動機を超えた何かがマグマのように煮えたぎっていると思うが、その多くは言語化できないもの、仮に言語化したところで嘘くさくなってしまうものではないだろうか。

脚光を浴びているNPOや社会起業家のインタビューを読むと、そもそもの動機自体が極めて些細なきっかけであったり、偶然の積み重ねで現在の仕事に携わったというケースも少なくない。

そのため、ソーシャルアクションを起こしている個人に対して尋ねるべきは「なぜ動いたか（始めた動機）」ではなく、「なぜ動き続けているのか（継続している理由）」だと私は考える。

なぜ動き続けているのか

私は、一般社団法人ホワイトハンズという非営利組織の代表理事を務めている。新しい「性の公共」をつくる、というミッションを掲げて、主に障害のある人の性に関する支援・研修・出版事業、及び性風俗の世界で働く人たちへの生活・法律相談事業を運営している。

二〇〇八年四月に活動を開始し、二〇一八年で一〇年目になる。この一〇年間、辛いことや苦しい局面も多かったが、大勢のスタッフや支援者・利用者・読者の方々に支えて頂き、どうにか「動き続ける」こと＝組織として活動を継続することができた。

ソーシャルアクションの実践者が「動き続ける」ため＝大勢の人に活動を理解・応援してもらうためには、どのような条件が必要になるだろうか。

豊富な活動資金？　立派なオフィス？　代表者のカリスマ性？　輝かしい肩書や受賞歴？　大物政治家や官僚との人脈？　答えはいずれも「NO」である。

正解は、「社会性のある理念」だ。あるべき社会像や守るべき大義名分に基づいた理念こそが、ソーシャルアクションを仕掛ける個人や団体にとって最大の資産になる。逆に言えば、社会性のある理念を打ち出せない限り、どれだけ人材や資金があっても、ソーシャルアクションは決してうまく行かない。

「社会性のある理念」というと、単なるきれいごとに聞こえるかもしれない。「そんな抽象的なものなのか」と拍子抜けする読者もいるかもしれない。

しかし、「こういう社会を実現したい」というビジョンや思いがなければ、そもそもソーシャルアクションは起こりえない。そして、ソーシャルアクションの実践者が掲げる理念は、歯の浮くようなきれいごとを羅列しただけの代物ではない。

理念の価値は「何を言っているか」ではなく、「誰が言っているか」によって決まる。

実際にその理念を実現するために手足を動かし、汗を流している個人や組織でないと、理念に魂を吹き込むことはできない。

実践者が「動き続ける」ことによって理念に求心力が宿り、多くの人の共感や支援を集めることによって、さらに実践者が「動き続ける」ことができるようになる、という循環がある。

当たり前の話かもしれないが、社会性のある理念は、社会性のある人でないと生み出せない。ここでいう「社会性のある人」とは「社交的な人」という意味ではない。営業や交渉、演説が得意である必要も無ければ、学歴や資格・職業も関係ない。

自分とは意見や価値観の異なる他者の存在を想像し、そうした相手と対話する意志を持っていること。それこそが社会性だと私は考える。

他者に対する想像力のない人、意見の異なる他者と対話する意志のない人に、社会性のある理念を生み出すこと、そしてソーシャルアクションを巻き起こすことは決してできない。

「健やかであること」と「仕事自体を楽しむこと」

「動き続ける」ためには、社会性のある理念が必要になる。そして社会性のある理念を生み出すためには、何よりもまず実践者自身が「健やかであること」が大前提になる。

自分自身の課題でいっぱいいっぱいになっている人に、社会的課題を解決することはできない。仮にそうした状態で社会的課題の解決に取り組んだとしても、それは「自分のため」の活動になり、「社会のため」の活動にはならない。個人的な私怨や義憤に基づいてソーシャルアクションを起こしている人もいるが、たいてい長続きしない。

大切なのは、まず自分自身の問題を（全てとは言わないまでも、ある程度）解決できていること。ソーシャルアクションを社会的課題の解決以外の目的で使う人間に、幸運の女神は決して微笑まない。

「健やかであること」に続いて重要なポイントは、「仕事自体を楽しむこと」だ。ソーシャルアクションには、社会貢献や変革といった表面的な美辞麗句だけではなく、シンプルに仕事としての面白さがある。誰かの敷いたレールやルールに沿って定型作業をこなしていくのではなく、ゼロからサービスを立ち上げたり、社会資源を開拓していく作業は、人によっては大いにやる気を駆り立てられるものになるだろう。

その存在すら知られていなかった社会的課題に世間の注目を集めるPR活動、具体的な処方箋や政策を提示する企画立案なども、対話力や想像力のない人にとっては苦痛極まりない仕事かもしれないが、人によっては天職になるはずだ。

私自身、一〇年間「動き続ける」ことができたのも、自ら仕事を創り出し、その仕事によって自らと社会を変えていく過程、それ自体を楽しむことができたから、という理由が非常に大きい。

何から始めたか

「ソーシャルアクションを起こしたいのだけれど、自分の手元には人手も資金もネットワークも全くない」という人は少なくないだろう。

しかし今の時代、「0から1を創り出す」ことは、それほど難しくはない。

まずは自分が取り組もうと思っている社会的課題に関する情報を集める。先行研究や事例を徹底的に調べる。先人で同じような試みをした人はいなかったか。それはうまくいったのか、それともうまくいかなかったのか。それらの理由はなぜか。こうした情報は、図書館やインターネットを使えばいくらでも無料で入手可能だ。

現場にいる当事者に話を聞くことも有効である。日本を代表する社会起業家である駒崎弘樹氏は、著書『社会を変えたい人のためのソーシャルビジネス入門』（PHP新書、二〇一五年）の中で「理想は百人の人から話を聞くこと」「そこまで聞くと、その領域についての現場感を相当持てるようになってくる」と書いている。

情報を集めたら、それをアウトプットする場をつくる。私自身の例を挙げると、障害者に対する射精介助事業を始める前に、障害者の性に関する文献や資料をまとめた情報サイトをつくった。サイトにAmazonアフィリエイトのリンクを貼れば、少額だが収入も得ることができる。集めた情報をまとめて冊子やテキストにすれば、将来の商業出版の布石になる。

情報の集まる場をつくることができれば、それは自然に人の集まる場＝コミュニティへと成長していく。コミュニティに参加してくれた人に対してイベントや研修の案内を送り、理念に基づいたプレゼンテーションをして、仲間や支援者を増やしていく……という流れだ。

誰をどう巻き込んだか

ソーシャルアクションの実践者というと、誰にでも社交的に話しかける営業マンのような存在、タフな交渉をバリバリこなすネゴシエーターでなければならないようなイメージがあるかもしれないが、決してそうではない。

私自身、人と話すことは基本的に苦手であり、知らない人にいきなり電話をするような真似は絶対にしない（できない）。電話嫌いが高じて、事務所の固定電話も撤去してしまった。

私自身のコミュニケーションのスタンスは「情報発信型」である。上記の通り、理念に基づいて現場の情報を集め、それを編集してホームページやＳＮＳ、テキストや書籍等の形で世間に発信する。発信された情報に触発された人、興味を持って集まって来てくださった人に対してアプローチを行う、というシンプルなスタンスだ。

イベントに来てくださった人、本を読んでくださった人に対して、自分たちの活動やチームに加わってくださるよう口説くことはそれほど難しくない。

大切なのは、こちらから出向かなくても、説得や営業を行わなくても、支援者や利用者、寄付者の方々が集まってくださる仕組みを作ることだ。限られた人材や資金、時間の中で、「新規顧客開拓」や「寄付金募集」のための飛び込み営業やローラー作戦を行うことは現実的ではない。

ここにおいても、社会性のある理念の存在が、広報や集客を含め、情報発信の基盤になっていることがお分かりいただけるだろう。

どんな苦労や揺らぎがあり、どう乗り越えたか

活動の過程で、いくつもの壁にぶつかった。最も大きかったのは「性の壁」だ。性に関する事業に

対しては、社会的な偏見や無知・無理解が岩盤のように存在し、内容や理念に関わらず、法律で様々な規制を受ける。広告もまともに打てない。求人も出せない。事務所も借りられない。チラシを配っただけで警察に通報されるという世界だ。

　また地元の新潟市にＮＰＯ法人の設立申請をした際にも、射精介助が性に関わる事業であったために、「事業内容が社会的に有害」という理由で設立不認証になった。新潟県内には七〇〇以上のＮＰＯ法人があるが、設立不認証になったのは我々ホワイトハンズのみという不名誉な記録を持っている。

　このように、性の分野は最もソーシャルアクションを起こしづらい領域の一つだと言える。スタート時点から、両手両足を縛られたような状態で活動せざるを得ない。

この壁をどう乗り越えたか。答えは、前述の「情報発信型」の広報戦術だ。こちらから宣伝できないのであれば、向こうから人が集まってきてくれる仕組みを作ればいい、という発想の転換だ。

メディアに記事として取り上げてもらうことができれば、広告を打てなくても活動の告知や情報発信ができる。白書やテキストを刊行することで、法律には一切抵触せずに、取り組んでいる社会的課題の認知度を高めることができる。

資金や人手がなくても、理不尽な規制で両手両足を縛られても、社会性のある理念を打ち出し、それを上手に発信することができれば、ソーシャルアクションは十分実践可能なのだ。

余談だが、二〇一四年一二月、ホワイトハンズは公益財団法人社会貢献支援財団より社会貢献者として表彰を受ける栄誉に与った。地元の新潟では「社会的に有害」とみなされ排除される活動が、東京では「社会貢献」とみなされ表彰されるという矛盾した現実に直面し、ソーシャルアクションの難しさと面白さを改めて実感する機会になった。

万人から嫌われる仕事？

ソーシャルアクションの実践者は、霞が関のエリート官僚から寝たきりの重度身体障害者まで、社会的立場の異なるあらゆる分野の人々とコミュニケーションをとる必要がある。これは裏を返せば、あらゆる分野の人から嫌われる宿命を背負っている、ということを意味する。

ソーシャルアクションを起こすＮＰＯや社会起業家の強みは「自ら現場を創り出せる」ことにある。

そこで得た知見や情報を白書や書籍の形にまとめて発表したり、それらをベースにして政策提言やメディアキャンペーンを仕掛けることもできる。

また、多くの研究者が及び腰になってしまうアウトリーチや資金調達も軽々とこなし、メディアや書籍を通した情報発信やロビイングを通して、ダイレクトに世論や政策にも影響を与える。

実際はそんなことは全くないのだが、ソーシャルアクションの実践者は、「社会を動かしたくても動かせない（動かせなかった）」というコンプレックスやルサンチマンを抱えた人たちにとって、自らの存在意義やアイデンティティを脅かすような存在として映ってしまうのだ。結果として「自己顕示欲に基づいた、目立ちたがりの炎上商法」というレッテルを貼られて、様々な立場の人たちから批判されることになる。

当事者からの批判にどう応える？

意外に思われるかもしれないが、ソーシャルアクションの実践者に対して最も批判的な態度を取るのは、まさにそのソーシャルアクションによって利益を得る当事者であることが少なくない。

たとえそれが自分たちにとって利益をもたらす活動であったとしても、当事者でも何でもないにもかかわらず、えらそうに自分たちをカテゴライズしたり、アセスメントしたりする（ように見える）ソーシャルアクションの実践者は、彼らにとって許しがたい存在になる場合がある。

こうした当事者からの批判に対してどう応えていくべきかについては一概には結論を出せないため、非常に悩ましいところである。

ここにおいても、大切なのは当初の理念である。社会性のある理念を曲げずに活動を続けていけば、あなたの周りには、批判や攻撃をしてくる当事者以上に、感謝の声を寄せてくる当事者の数の方が圧倒的に多くなるだろう。そうでないとしたら、それはそもそもの理念が間違っていたことになる。

感謝の声が批判の声よりも圧倒的に多いのであれば、批判の声に過度に振り回される必要はないはずだ。聞くべき批判とそうでない批判を取捨選択することが、「健やかであること」そして「動き続ける」ために重要な条件になるだろう。

「負のソーシャルアクション」との闘い

ソーシャルアクションを実践する個人や団体の最終的な目標は、端的に言えば「自分が失業すること」である。すなわち、社会的課題が首尾よく解決され、自分の仕事がなくなる（団体が解散する）ことこそが、目指すべきゴールだと言える。

その一方で、社会的課題が解決せず、課題が未解決のままであり続けることによって利益を得る個人や団体もいる。たとえば、特定の社会問題に対して「この問題はタブーにすらなっていない！」と叫ぶことでメディアの注目を集めている人、あるいはそれ自体が生きがいになっている人にとっては、その問題が社会的なタブーであり続けたほうが都合がいい。

そうした人たちにとっては、ソーシャルアクションの実践者によって問題が公の場で語られ、現場や政策レベルで具体的な動きが行われることは、「メシのタネ」や「生きがい」がなくなることを意味するので、正直都合が悪い。

そのため、実践者を誹謗中傷したり、根拠のないデマを拡散するような振る舞いをするようになる。言うなれば「負のソーシャルアクション」だ。

注意すべきは、こういったダークサイドに没入してしまう個人や団体の多くは、元々真っ当なソーシャルアクションを実践していた人たちである、という点だ。様々な理由で活動や組織運営がうまく行かなくなる中で、不安やストレスのはけ口として、同じような活動をしている個人や団体を上から目線で批判することに血道を上げるようになる。

ソーシャルアクションの実践者は、こうしたダークサイドに没入した先人たちとも戦わなければならない。そして、自らも同じダークサイドに没入しないよう、細心の注意を払う必要がある。

ソーシャルアクション実践者のダークサイドへの没入をいかに未然に食い止めるか、そして実践者同士の不毛な対立をいかに回避するかは、「古くて新しい問題」ではあるが、今後の大きな課題になっていくだろう。

目指すビジョンは何か

ソーシャルアクション実践の過程は、かくのごとく山あり谷ありである。しかし、社会性のある理念を曲げなければ、道を誤ることはないはずだ。ホワイトハンズも、「新しい『性の公共』をつくる」という活動の理念は、一〇年前の創業時から一切曲げていない。

障害のある人も、性に関する欲求や悩みは健常者とほとんど変わらない。風俗の世界で働く人も、私たちと同じ地域で暮らし、同じ課題にぶつかっている一人の生活者である。

しかし、性という要素が絡むだけで、彼らの存在や生きづらさは公の場で語りづらいものになり、問題の見えづらさは倍増する。全ての問題を個人が一人で丸抱えしなければならなくなってしまい、結果として、支援の欠如や対処の遅れによって人命にかかわる事態にまで深刻化してしまうこともある。

こうした語りづらさや見えづらさを解きほぐすために、性の世界と社会をつなぐ「橋」を架けること。多くの人にその「橋」を行き来してもらうことを通して、これまで一部の人しか語れなかった世界、一部の人しか足を踏み入れることのできなかった世界を、多くの人に当たり前のように通行してもらい、それぞれの言葉で語ってもらうこと。

そうした既成事実の積み重ねをベースにした上で、公の場での議論や実践を通じて、社会の皆の力を合わせて問題を解決していくための仕組みをつくること。

これが私たちの考える「新しい『性の公共』をつくる」というビジョンである。

問題の語りづらさや見えづらさを生みだす原因は、性の世界の側にあるのではなく、むしろ社会の側にある、と私は考えている。そう、「見えない」のではなく、「見たくない」のだ。

誰もが「見たくない」と考えている社会的課題を、いかにして公の場で可視化していくか。これは、性の分野に限らず、全ての分野におけるソーシャルアクションに共通する課題であるだろう。

ソーシャルアクションの実践者が「謎」の存在に見えるということは、それだけ実践者の取り組んでいる社会的課題が深刻であること＝見えづらく、語りづらいものであることの証であると言える。

そして、ソーシャルアクションの醍醐味は、そういった「存在しないもの」とされてきた社会的課題を明るみに出し、解決のための道筋をつくることである。

本章がソーシャルアクションに関する「謎」を解くためのきっかけ、もしくはあなた自身が実践者となって、ソーシャルアクションを巻き起こしていくためのきっかけになれば、これ以上の喜びはない。

第6章

誰かに与えられるのではなく創りたい

～障害当事者の私が切り開く地域生活

野島久美子
（聞き書き：注）新井利民

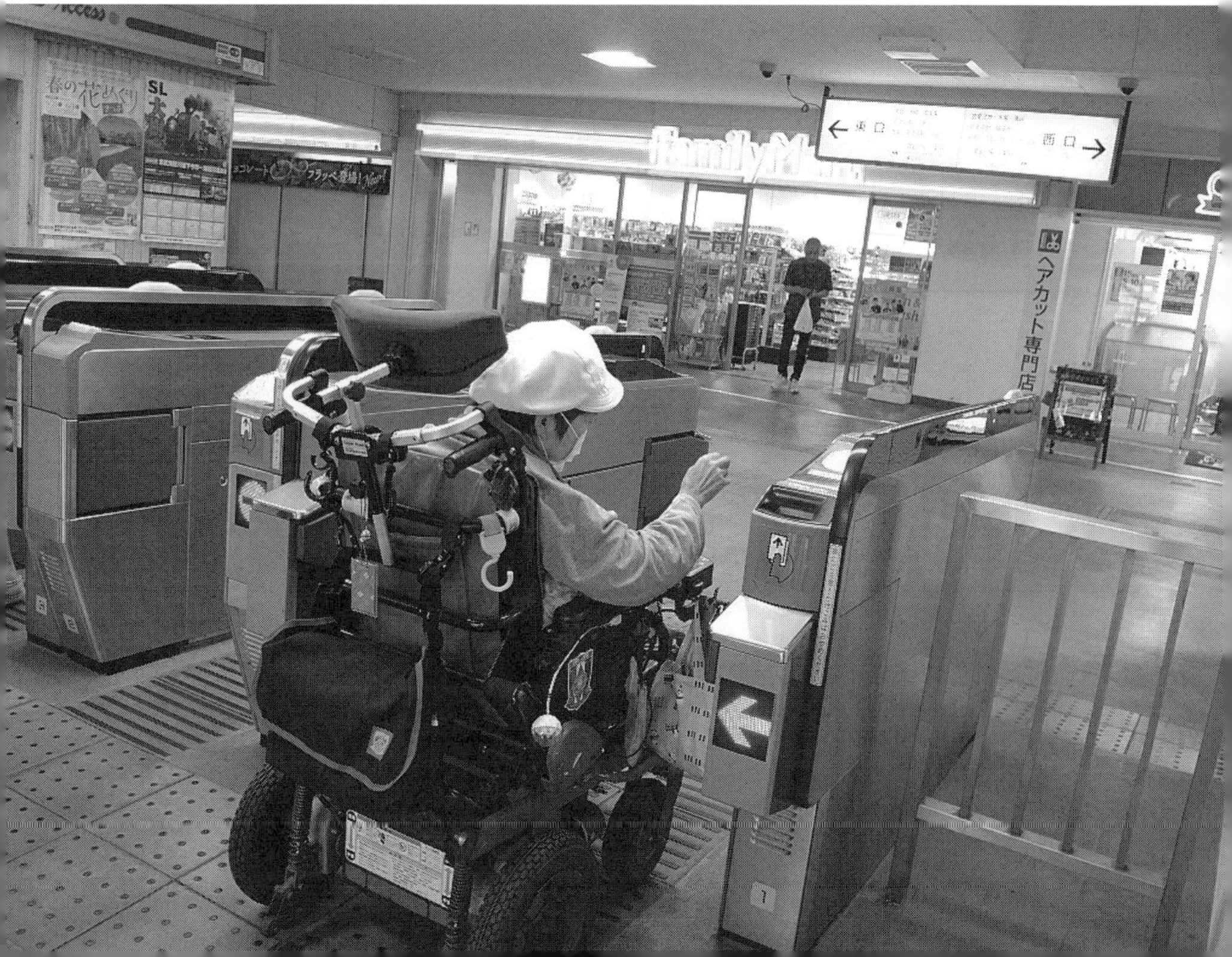

一〇代までの私の世界

私は、東京都荒川区でカメラ店の娘として、一九五八（昭和三三）年に生まれた。赤ん坊のころ、店のショーウィンドウがオムツ替えのベッドになっていた。ある日、母がちょっと目を離した時にショーウィンドウから転落。その後高熱が続き、病院をたらいまわしにされ、やっと大きな大学病院に入院した。しかし医師からは「もう歩けない」と診断されたという。

通園施設に通って歩行訓練などを行い、伝い歩きができた一九六五（昭和四〇）年に、当時の都立北養護学校に入学、翌年から同じく当時の都立北療育園で生活するようになった。

小学生の時は引っ込み思案で、人と話ができない。とてもおとなしくて何か言われると泣いてばかり。学校の長期休みの時には療育園から帰省して自宅で過ごしたが、外出することもできず、家の中でずっと座ってばかりいた。その頃から成長とともにだんだん足が曲がってきて、歩けなくなり、車イスを利用する生活になった。

養護学校中等部、高等部となるにつれ、「もっと積極的になりたい！」と思うようになった。高等部二年の時に

「あと二年しかない、何かやらなければ……」

「生徒会長は難しいかもしれないけど、選挙管理委員ならできるんじゃないか？」

と考えて立候補するなど、その頃から自分を出して、積極的になりはじめた。

進路選択の時期、学校の同級生は、卒業後に通所施設や入所施設に行くことが決まっているなかで、

私はマヒが強いこともあり、何も決まらない。「このまま家にいても仕方ないし、友達もいるから施設に入った方がいいのかな」と考えた。しかし父に、「何であんなところに入るんだ。おまえには親が建てた家があるんだから、そこで暮らせばよいだろう」と反対される。当時の私は親から離れたいと考えていたので、意見が合わず、その時はじめて親とケンカをした。

結局、静岡県の中伊豆リハビリテーションセンターで二年間過ごした。センターでは学校のようにリハビリテーションの内容が決まっており、退屈することが多かったが、自分で着替え・洗濯・料理・裁縫・編み物などができるよう日常生活訓練を行った。

「電動車イス」という翼を得て

そして二年後の一九七九（昭和五四）年、訓練を終えて親が建てた埼玉県の家に帰ってきた。しかし母親は、私にあれこれダメ出しして、外出もさせてくれない。そんなある日偶然見ていたテレビで電動車イスが映っており、「私も乗りたい！」と強く思った。障害者団体に頼んで半年間電動車イスを貸してもらったところ、気軽に外出でき、世の中がバラ色に変わっていった。とにかく買い物が面白くて、でもお金の価値がわからなくて、持っているお金以上の品物をスーパーのカゴにいれ、レジで返品したりした。

貸出期限が終わるので、電動車イスの給付申請のために市役所に出向いた。最初に担当したケースワーカーには「おたくはまだ若いから電動車イスに乗ってはいけないよ。利用すると筋力が衰えちゃうよ」と言われてしまう。私も、「室内と道路は違うでしょう？　道路はでこぼこだし、うまく歩けないんですよ！」と言って、しばらく窓口でやりあったが、結局、その年は電動車イスを支給してくれず、悔しい思いをした。

しかし翌年、そのケースワーカーは異動したと聞いた。再び相談に行ったら、担当者はよく話を聞いて理解してくれるケースワーカーで、働きかけの甲斐もあり電動車イスを取得することができた。

私にとって、このように市に働きかけを行った経験と、電動車イスの獲得は、とても大きな出来事だった。

私の「移動」から「交通アクセス運動」へ

埼玉の自宅近くに作業所ができたので、「自分でも働ける場があった！」とうれしく、通うようになった。しかし他の人は作業能率が良くて、マヒの重い私はとても遅い。どんなにやっても遅くて、自分の仕事はそっちのけで、しゃべってばかり。その頃友達から、越谷・春日部で活動している「わらじの会[1]」という団体を紹介される。「わらじの会」は、障害のあるなしにかかわらずみんなが地域で暮らすための活動をしているようで、街頭カンパやポスター貼りをしているという。「面白そうだな」と思って、作業所には行かないで内緒で「わらじの会」の活動に参加するようになった。ほどなくして親に見つかってケンカとなり、近くの作業所はやめてしまう。

「わらじの会」の活動に行くときには、ボランティアに送迎をしてもらっていた。しかしある日、ボランティアの車が車検で迎えに行けないと言われてしまう。

「よし、電動車イスで駅まで行って、自分で電車に乗ろう！」と思い、最寄り駅の東武伊勢崎線草加駅まで電動車イスで一時間半かけて到着。当時の草加駅はとても小さな駅だったが、階段が「五段」あった。その「五段」をあがるのに、「どうやって上ればいいのかな……」と、ただただじっと待っていた。当時の私には道行く人に声をかける勇気がない。悩み続けること三時間、意を決して人に呼びかけ、協力してくれたが、二人でも、四人でも持ち上がらない。ようやく六人がかりで持ち上げてもらい、電車に乗ることができた。

本当は越谷駅へ行きたかったが、間違って新越谷駅に降りてしまった。そうしたら駅員が駆け寄ってきて、「一人で来たの⁉ ダメじゃない！」と言って、その後駅前の交番につれていかれて補導されてしまった。このことをきっかけに、「駅にエレベーターをつける運動をしよう」と強く思った。

東武伊勢崎線が高架化する計画を聞き、このタイミングでエレベーターをつくってもらいたいと考え、一九八三（昭和五八）年、25歳の時に、いろいろな人に呼びかけて「誰でも使える駅をつくる会」を結成した。東武鉄道は当時、エスカレーターはつけるが、エレベーターは設置しない方針。この会では草加駅を含む四つの駅にエレベーターを設置してもらうためのキャンペーンをやった。度重なる交渉の成果もあってか、一九八八（昭和六三）年、埼玉県内の東武伊勢崎線では第一号のエレベーターが草加駅に設置された。そんな経緯もあり、交通アクセス運動は「私の使命」となっている。一九九一（平成三）年には、このような交通アクセス運動の埼玉実行委員会がつくられ、その活動を現在も続けている。

「家出」によりスタートした私の地域生活

そんな生活を続けていたが、荒川区にあった父のカメラ店が大規模店に押されてうまくいかず借金を抱えてしまう。お店をつぶすか、今住んでいる埼玉の家を売るか、どちらかを選ぶ必要が出てきた。私は自分なりに考えて、生活保護の相談に市役所に行った。担当者からは、「生活保護なんて、身寄りのない人が受けるんだ」「それだったら、その家を売っちゃいなさい！」と酷く怒られる。そして家に電話されて、母親にも「なんでそんなみっともないことをやるんだ」と怒られた。私は、自分の生活を創るため必死だった。

両親は、「安全に生活できる場所」である障害者入所施設で生活することを私に望んだ。八王子の入所施設を見学し、一度はその施設に入ることを決める。しかし、当時の私には前述の「誰でも使える駅をつくる会」の活動があった。これからもこの活動を続けたい一心で、親には「私はやっぱり施設に入らない!!」と宣言する。

しかし父には、「なんでお父さんの言うことを聞かないんだ！　そんなに言うことを聞かないならお前を殺す！」とまで言われてしまう。私は怖くなり、「わらじの会」の人たちに電話で相談し、仲間に家に来てもらい、そのまま家出して居候。何日かして母たちも会いに来たが、連れ戻されるのがイヤで他の知人の家に隠れていた。

もう戻れないし、戻らない。

27歳の私の意志は固かった。

居候生活をしばらくしながら、自分の介助をしてくれる人を募集するビラをつくり、近所のお店の買い物客などに配布した。アパート探しもして、何件かあたってみたものの、「障害者は断る。火事でも起こしたら困る」と大家に言われることが多かったが、なんとか築一〇年の改造可能なアパートを借りる目途がついた。

家出をした時には所持金二万円。一か月ほどでもうお金もなくなってきた。その間に生活保護の勉強をして、ドキドキしながら一人で春日部市役所に申請に行った。狭い相談室に案内され、何人もの担当者に囲まれながら話をした。

担当者：「生活保護とりたいの？」

私：「はい」

担当者：「なんで施設に入らないの？」

私：「施設は前に入ったことがあります。でも、アパートで一人暮らしをしたいんです。両親は、私を食べさせることはできないんです」

担当者：「生活保護はね、ほんとに困った人じゃないと、もらえないんだよ」

私：「私も困っています。お金もないし、食べるものも食べていません。今朝だって知り合いのうちでパンと牛乳を食べさせてもらったんです」

担当者：「それにしてもおたく顔がまあるくてツヤツヤしているね」

担当者はその「知り合い」に電話で確認。相談から二時間かけて、ようやく生活保護の申請書を受理してもらった。こうして、生活保護を受け、アパートを借りて生活することができるようになった。

「私の介助」と「地域ケアシステム」

生活保護を取得して間もなく、すぐに市役所の障害福祉担当にホームヘルパーの利用申請に行った。当時の春日部市にはホームヘルパーが四人しかおらず、全員が高齢者に対するヘルパーで、「申請は高齢福祉担当へ行ってください」と言われた。支援者に相談して一緒に話をしてくれ、カウンターの前でしばらく交渉した。その後ヘルパーに週二回来てもらえるようになったが、日中も夜間も様々な介助が必要な私は、週二回のヘルパーの派遣では生活が全く成り立たない。これまで他の障害のある人の介助をしてきた地域の女性たちにお願いし、介助者募集のビラを作って駅前で配布して、ボランティアによる介助者を確保してきた。当時、在宅で暮らす障害のある人たちの中には、介助する人がいないので全くお風呂に入れない人もいた。ヘルパーも不足していたから、介助もボランティアでやってもらうことが多かった。

しかし、全くの無償では責任を持って介助してもらうには限界がある。介助を受ける側もする側もお互いに安心感を得るために、有償でケアをしてもらうための「ケア基金」をつくった。これは私を含めた三人分の制度による給付や手当をプールして、それを介助してくれた人に支給するしくみである。そして何かあった時の連絡や苦情を受けるような事務局的なところが必要になるだろうということで、一九九〇（平成二）年に「ケアシステムわら細工」という団体をつくり、私も事務局を担った。この「わら細工」は互助組織、つまり障害がある人もない人も会費を払い、何か困ったことがあった時にはお互いに助け合うというしくみである。現在も障害のある会員はもちろん、主婦やサラリーマン、学生、定年退職した人など、さまざまな人が会員となり、二〇数名の障害者が、約一〇〇名の人たちから介助を受け地域で生活している。

今の私は、URの住宅を借り、生活保護法の他人介護加算[2]、埼玉県及び春日部市の全身性障害者介助人派遣事業[3]、そして障害者総合支援法による居宅介護の給付を受けて生活している。夜間の介助者の確保も含めて、いろんな人に手伝ってもらいながら自分で介助者募集や日々の介助者の調整をし、「わら細工」に給付や支払いの事務を行ってもらっている。私も事務局員の一人として、地域で暮らしたいと考えている障害者に対して、生活保護をはじめとする制度の申請・利用方法や、介助者探し・介助者の調整方法について教え、また一緒にビラまきをしている。

セーラー服を着て高校で学びたい

30歳をすぎた頃、介助を受けながらの日常生活もある程度落ち着いてきた。でもその頃、正直に言えば、毎日同じ人たちと活動しており、同じことの繰り返しのような気がして、「こんなことでいいのだろうか?」と思っていた。そんな時、高校に行って勉強する、という選択肢が出てきた。

一九八八(昭和六三)年に、浦和に住んでいる障害のある仲間が「高校に入りたい」と言ってきた。その子の応援のために障害者の高校入学問題について取り組むようになった。浦和商業高校、蕨高校、浦和高校のそれぞれ定時制の門をたたいたが、定員を満たしていないのに、試験を受けても入学には至らない。「どの子も地域の公立高校へ埼玉連絡会」の活動に参加し、一九八八(昭和六三)年には埼玉県知事応接室に四日間、一九九〇(平成二)年には埼玉県教育局の廊下に一か月間の座り込みをし、交渉を行った(4)。特に一九九〇年の座り込みは、交代で寝泊まりしながら交渉し、傍らで連続講座を開いて教育問題を学びあった。

一九九一(平成三年)、障害のある子が高校を受験することになり、私や仲間も応援のつもりで一緒に受験したが、不合格。とても悔しかった。高校に行けば、ほかの世界が見えるかもしれない。養護学校も行ったけれど、セーラー服を着て高校に行って勉強したい。翌年もう一度受験したところ、埼玉県立与野高校定時制の商業科に合格することができた。当時私は34歳。念願のセーラー服を着て、通学できるようになったのである。

「共に学ぶ場」がつなぐ、ひと・地域

高校入学によって、これまでは親やボランティアの送迎で移動していたのが、自分の定期券を持って電車通学をすることができて、とてもうれしかった。でもその当時は、どの駅にもエレベーターはもちろんエスカレーターもないところも多い。最寄り駅の東武伊勢崎線せんげん台駅に着くと、駅員さんが通行人に呼びかけて、みんなでホームまで担いでくれた。途中二度の乗り換えがあり、全ての駅が階段ばかりだったが、どの駅でも全部、毎日、お願いして駅員や通勤客に担いでもらい通学した。ある駅の駅員が腰痛になったと聞いて、とても責任を感じ、しばらくして通学ルートを変えた。もちろんどこも階段だらけで、駅員も手にはマメができたりして、とても大変だったと思う。二年後にようやく階段昇降機ができ、四年後にはエスカレーターが設置された。高校の最寄り駅にも、入学して半年経った頃、段差にはスロープができた。校内にも職員用トイレを洋式に改造した身障者用トイレ

やスロープが用意されていた。でもスロープもベニヤ板製だったから、入学が決まってから受け入れ体制を作ってくれたんだと思う。入学前には当時の与野市長に会いに行って、市内の高校に入学することを伝えたりもした。

高校には女性の教員は保健の先生だけ。しかも定時制の保健の先生は毎日いるわけではなく、トイレ介助や身支度は世話好きな同級生にお願いした。また、授業中に障害者に対する差別的な発言をした教師がいて、私がポロポロ泣いてしまったら、クラスの女生徒全員が抗議の授業ボイコットをしたこともあった。進級試験の日に休んでしまったこともあり、一年目は留年したが、その後はクラスの仲間にも支えられて卒業することができた。

このような体験談については、全国集会を含め様々な場面でお話ししている。いまは学ぶ場でさえ、すぐに「あんたはこっち」「あんたはあっち」と振り分けられてしまう。その後の日常生活も、同じく振り分けられる。それが、障害のある人、ない人を分けてしまい、結果として暮らしづらくしてしまうんだと思う。本人が生きたいように生きること、本人の「こうしたい」「ああしたい」ということを、もっと大切にしてほしいと思う。

自分たちが動かないと制度や地域は動かない

私は現在も交通アクセス運動に関わっている。今はエレベーターやエスカレーターが整ってるから、交通アクセス運動も障害のある人たちが外出する機会として、ピクニックのように楽しみながらやっている。しかし障害のある人が気軽に出歩くには、まだまだバリアが多い。もちろん以前よりは便利にはなったが、ホーム上ではいちいちスロープ板を持ってきてもらわないと乗り降りできないところがたくさんある。こちらの意図や想いが伝わらないことも多いが、毎年、鉄道会社も含め様々な団体への交渉をしている。

また、地域でのケアを広げる活動も行っている。私の生活を支えている「全身性障害者介助人派遣事業」はとても大切な制度であり、本人が介助者を選んでその人に介助料金を支払うことができる仕組で、以前は全国各地で「全身性障害者介護人派遣事業」として制度化されていた。埼玉県は過去にこの制度を廃止してしまったため、私が現在代表をしている「埼玉障害者市民ネットワーク[5]」などが働きかけたことにより、「全身性障害者介助人派遣事業」として改めて制度化された。「埼玉障害者市民ネットワーク」では、毎年埼玉県庁での交渉も行い、これまで述べてきたような障害者が地域で暮らすうえでの様々な実情や想いを伝えている。

もちろん、制度だけでは生活することができない。地域のいろいろな人たちと関わり合いがないと、本当の意味での生活とはいえない。私たちはこれからも、「サービス」や「制度」だけではない、地域の中でのつながりを大切にしていきたい。

障害の有無にかかわらず大事なこと

私は「社会を動かそう」と思ってこれまで活動してきたわけではない。「私」が地域の中で介助を受けながら生きるため、「私」が自由に自分の行きたいところに移動するため、「私」が広い世界を学ぶために、「私」自身の気持ちを大切に行動してきた。障害があるとか、ないとかは関係ない。ただ誰かに何かを与えられることを待っているのではなく、自分が生活するために、自分が考え、自分で決めたことを、いろいろな人に伝える。私はいろいろな介助を必要とするけれども、地域のオバさん、オジさん、若い人、学生たちが私に力を貸してくれた。

自分のすべきこと、やりたいことを他の人に伝え、他の人がやりたいことは何かをしっかり聞く。お互いに協力しあい、そこに困難があるのならば取り除く。地域のいろいろな人と一緒に、これからも、そんなふうに地域*で生きていきたい。

注

（1）「わらじの会」とは、一九七八年に埼玉県越谷市・春日部市周辺の障害者や地域住民により結成された団体。当初は月一回の例会で一緒に街に出る活動を行っていたが、その後障害者の自立生活に向けた取り組みを行い、働く場、暮らしの場、ケアシステムなどの事業や、社会福祉法人による障害福祉事業などをおこなっている。設立経緯や活動の軌跡、関わっている者の思いについては、わらじの会編『地域と障害――しがらみを編みなおす』（現代書館、二〇一〇年）に詳しい。

（2）生活保護法他人介護加算とは、生活保護の生活扶助の加算の一つである特別介護料。この特別介護料には、家族による介護に対する加算と、家族以外の他人による介護に対する加算があり、野島は後者の支給を受けている。野島らが最初につくった「ケア基金」では、他に支給されている特別障害者手当なども含めて、複数の障害者が共同して費用をプールし、介助者の調整や介助料の支払いなどを行った。

（3）「全身性障害者介助人派遣事業」とは、二〇〇五（平成一七）年より実施されている埼玉県の事業で、重度障害に対し、一定の要件を満たす自薦介助人を派遣した市町村に対して補助を行うもの。埼玉県予算調書によると、平成三〇年度は県内八市五七人が利用する見込みとなっている。

この制度の背景は、一九七〇（昭和四五）年、障害者施設入所者が施設での処遇に抗議のハンガー・ストライキを行うことから始まった「府中療育センター闘争」を経て、地域で生活する障害者の介護保障の要求運動が活発となったことがあげられる。一九七四（昭和四九）年には東京都で「重度脳性マヒ者等介護人派遣事業」が創設されたことを皮切りに、自薦介護人の派遣事業が広がっていった。埼玉県でも一九八九（平成元）年より「全身性障害者介護人派遣事業」が始まり、それを受けて例えば埼玉県越谷市でも一九九一（平成三）年に事業がスタートした。埼玉県は一度この制度を廃止したが、障害者団体の運動もあって二〇〇五（平成一七）年に「全身性障害者介助人派遣事業」として「復活」した。「介護人」から「介助人」への名称変更も、この事業を活用してきた障害当事者たちが、「介護」ではなく「介助」という言葉を使ってきたことに起因するとされている。

（4）一九八八（昭和六三）年、野島らは埼玉県庁知事応接室を四日間にわたって「占拠」。三日目の夜、野島は現れた教育長に対し、障害を持ちながらも一人暮らしをしてきた経緯や地域で生活する意義を話した。この模様は、二〇一六年七月に起きた相模原障害者施設殺傷事件を契機とした障害者と地域生活に世論の関心の高まりを受け、新聞の連載記事として紹介された（「障害のないあなたへ　知事応接室を『占拠』した人々」毎日新聞朝刊（埼玉版）二〇一六年八月三一日～九月四日）。

（5）「埼玉障害者市民ネットワーク」は、一九八〇（昭和五五）年に「親と子のスウェーデン体験旅行」が行われたことを契機に結成された「埼玉県社会福祉研究会」を前身としている。一九八六（昭和六一）年ごろより同研究会の下で障害当事者や親による住まいや労働・就学に関する研究や行政との交渉などが行われた。その後、一九九二（平成四）年に、障害者の自立生活の確立に向け様々な事業を行っていく「社団法人埼玉障害者自立生活協会」と、行政への交渉などを含む運動を行っていく「埼玉障害者市民ネットワーク」とに組織が分かれる。野島は一九九七（平成九）年より後者の代表を務めており、毎年「総合県交渉」を中心に様々な運動を展開している。

＊「わらじの会」の創設期からのメンバーであり、野島らとともに歩んできた山下浩志は、わらじの会編『地域と障害——しがらみを編みなおす』（現代書館、二〇一〇年）においてこれまでの活動について回顧してい

る。その中で、わらじの会の活動はいわゆる「社会モデル」ではあるが、欧米における「個人対社会」という構図のようなかっこいいものではない、としている。そして、「家族、ご近所、学校、職場といった生活や労働の場における壁…（中略）…そこで分け隔てられることが、障害を生みだしてきた」とし、そこに対峙してきた活動を、あえていうならば「地域モデル」であると述べている。

また、同時期に他所で活動していた障害者団体が、組織化を急ぎ、機能的な活動を目指したために障害者も地域住民も離れ、解体していったことと比較し、「いまから思えば、あれが分かれ道だったのだ、『共に』ということを、目指すべき目標や理想として考えるのか、それとも現実のしがらみとして、スタートラインとして受け止めるのかの」とも述べている。

野島らのこれまでの活動から学び、これからの力にしていくにあたっては、理想とするビジョンを示して人々を啓発していくだけではない、地域に蠢く様々な思いや理想、差別や葛藤も抱え合いながら歩んでいくことが大切だろう。

コラム1

野島久美子という〈磁場〉と地域

新井利民

　私がかつて勤務した学校では、近隣に暮らす野島ら障害のある人々の介助をしている学生が多かった。そして毎年二〜四月にかけては、学生の実習や卒業によって介助者不足問題が発生し、野島ら障害当事者も学生も悩みながら過ごす。私にも相談があることから、正直なところ、「サービスや制度が整備されているのに学生に依存するなんて……」と安易に考えたこともあった。

　コラムを書くにあたり野島に「動かされた」卒業生にコメントを寄せてもらった。たとえば現在宮城県で医療ソーシャルワーカーとして働く菅野友里絵は、「野島さんとの関わりを通じ様々な世界を教えてもらった。地域で暮らすうえで持ちつ持たれつ、お互いに補い合うこと。それが結果として私の『介助』だった」と回顧している。また、同じく卒業後に障害福祉の現場に進んだ濱野知佳は、「野島さんとの暮らしの中で、〈介助する／される〉という関係ではなく、〈ひと〉対〈ひと〉の関わり合いができる仕事をしたいと強く思うようになった」と述べている。

　学生は普段の地域生活での介助もちろん、交通アクセス運動や自治体との交渉にも介助者として同行し、社会を目の当たりにする。野島と濃密な時間を過ごすことにより、若者の心は時に静かに、時に激しく揺り動かされる。人とは何か、介助とは何か、地域とは何か、社会とは何か、生きるとは何か。野島らから、教室での学びでは到底太刀打ちできない大きな成長のきっかけが与えられるのである。そして卒業後、様々な地域でその想いを胸に実践している。

　現在、ごくごく自然な風景として、野島らは大学の入学式やオリエンテーションで、サークルへの勧誘をする学生に交じって介助者募集のビラをまき、福祉や看護やリハビリテーションを学ぶ全ての一年生対象の授業で講義も担当している。そして卒業式にも来学し、晴れ姿の学生たちと写真に納まる。卒業後にも自分の実家のように野島宅を訪れる者も珍しくない。

もちろん、毎年の介助者確保の悩みは尽きない。そして世の中の障害のある人々にとっての物理的・制度的・心理的なバリアはまだまだ多様に存在しているだろう。

それでも、学生や私を含め、野島久美子という「磁場」に引き寄せられた人々は、野島と共に、悩み、泣き、笑いながら、「誰かに与えられたものではない暮らし」を一緒に紡いでいく。本人は「ソーシャル・アクション」を意識していないというが、これからも野島が「動く」ことにより、人々が動かされ、地域を創っていくだろう。

第7章

あらゆる当事者から感じ・学び・考えよう

～フリーソーシャルワーカーが国会議員になるまで

池田真紀

ソーシャルワーカーの衆議院議員誕生まで

二〇一七年一〇月二二日、ＴＶの開票速報で、私の比例北海道ブロックでの当確が伝えられた。得票数一三万五九四八票、小選挙区（北海道五区）では惜敗率九五・二％で相手候補に七千票余り及ばなかったものの、比例で復活した。

人間として、そしてソーシャルワーカーとして、人権を大切にする、かけがえのない全ての命を大切にする、そんな当たり前のことを当たり前にする世の中をつくりたい。そのためには、弱者を切り捨て、自己責任を強める今の安倍一強政治を変えなければ、との思いで政治への道にチャレンジした。

ここに至るまで、決して道ができていたわけではない。国政へのチャレンジは二〇一四年一二月の北海道二区での選挙が最初で、次が五区補選、そして今度（五区本選）が三度目の挑戦だった。二区も五区もそうであるが、地盤、看板、カバンのない無名の新人候補が勝ち上がるには極めて厳しい選挙区であり、周りからは「捨て駒」候補とみなされた。まさに「茨の道」の連続だった。そうした逆境を乗り越えるには、折れない強靭な精神力と苦難を楽しむ心が欠かせない。そのことは、いろんな人生の場面においてもそうであろう。

二〇一四年一二月から二〇一七年一〇月までの二年一〇か月で、三度の衆議院選挙を経験した。その足跡を振り返る。

突然の解散総選挙に、無所属で出馬したのがスタート

二〇一四年の夏。二〇一五年四月の統一地方選挙に向けた民主党北海道の候補者公募に応募した。二〇一二年、札幌市白石区で姉妹餓死事件が起きたが、何ら反省も改善もみられない市の生活保護行政に義憤を抱いた。札幌市政を「まっとうにしたい」との強い思いから政治の門をたたいた。

学歴は中卒であったが、大検や国家資格等を有し、当時北海道大学公共政策大学院に在籍もしていたので学歴による差別はないと思い応募した。しかし、案の定、面接官より「なんだ、大学も出ていないのか」「高校も卒業していないのになんで大学院なんだ」などと言われた。こういう入り口で挫折するんだと思った瞬間、だからやらなければとむしろ意欲がさらに湧いたのであった。結果、東区から次期札幌市議選の民主党公認候補として内定を得ることができた。

しかし、市議選への準備も束の間、二〇一四年一一月の突然の衆議院解散で、状況が一変する。急遽、私が民主党北海道の要請により二区の衆議員候補として出馬することになったのである。ところが党内事情により私は党本部からの公認を得ることができず無所属での出馬を余儀なくされた。

選挙本番に突入して、党内は混乱に陥った。結局、民主支持票は行き場を失い、自民党候補が楽勝することになった。

次は北海道五区補欠選挙、野党統一・無所属候補として

北海道二区の選挙後、しばらく政治とは一定の距離を置いた活動を行っていた。一年後に再び選挙に関わることになったが、民主党は候補者を決めきれずにいた。

こうした中で、前札幌市長の上田文雄氏らが代表の市民団体「戦争をさせない市民の会・北海道」が独自の候補者擁立に動き出し、「野党統一の市民型候補」として私に白羽の矢をたてた。

市民団体から出馬の要請があったのは二〇一五年一二月のことだった。この遅れたタイミングでの出馬は、さすがに私も迷った。

しかし、五区補選をめぐる政治情勢は、この国がどうなるか、大きな分岐点となる選挙だった。二〇一五年九月、憲法違反の疑いが濃厚で、多くの国民が反対した安全保障関連法が国会で強行可決された。その後、初の国政選挙となったのが五区補選。日本の将来がかかった選挙と言えた。とりわけ北海道五区は、千歳市や恵庭市という自衛隊のまちを抱え、南スーダンに派遣される第七師団は千歳の部隊であった。暴走する安倍政権に対し、自衛隊とその家族を含む国民の意思が問われる選挙。この一大事を背負っての選挙を、候補者が見つからないからと言って放棄するわけにはいかないのではないか。

平和を求める市民の熱い思いが伝わってきた。何度かの説得に、ついには「身を捨てる覚悟で挑もう」と思い至った。もとより「茨の道」だとわかっていたが、五区での立候補を決意した。

五区補選は、私が全国初の野党統一候補（民主、維新、共産、社民、生活推薦、市民ネットワーク

支持）無所属となり、自民党公認の相手候補（公明党、新党大地推薦）と闘う一対一の選挙になった。

新人同士の闘いではあるが、相手は「弔い合戦」。盤石な地盤、看板、カバンを誇った町村元衆院議長の娘婿。故町村氏の遺影を前面に出しての闘いだった。

一方、私の方は、無所属のハンディにより、ＴＶでの政見放送はなく、新聞での広告もなかった。大判ポスターも張ることが認められなかった。法定ビラや法定ハガキの枚数も党公認の相手候補に比べて著しく制限された。

唯一の頼みは、全国の市民がＳＮＳ等でつながり、自主的に取り組んでくれた電話作戦等だった。まさに市民参加の〝市民型選挙〟、その実験場だった。

無所属候補は、選挙制度からして非常なハンディを背負うことは、初めからわかっていた。それ故、私としては党（民主党）の公認で闘いたいと申し出たのであるが、叶わなかった。無所属では政党が選挙に責任を持たないのではないか、あるいは当選した後の活動が不透明になるのではないか、等といった懸念がつきまとった。不安を抱えたまま選挙戦に突入した。

四月二四日投開票日、結果は一二万三五一七票を獲得したものの、相手候補に一万二千票の差（惜敗率九〇％）で落選となった。

三回目の衆議院選挙は、党公認で市民と〝協働〟のスタイル

五区補欠選挙が終わった後、五月中旬に民進党北海道第五区総支部の定期大会が開かれた。この大

会において、私は総支部長（次期候補予定者）に就任することが求められたが、すんなり受諾する気持ちになれなかった。

というのも、補欠選挙で野党統一の無所属候補として、初の市民参加型の選挙をしたものの、選挙が終わってみれば応援してくれた人の名簿はじめ、多様な取り組みの資料がほとんど破棄され、次の選挙につながるものが残されていなかったからだ。

ひょっとして野党統一の無所属候補だったからなのか。政党からみると「一時の祭りごと」に過ぎなかったのかも……と、疑心暗鬼にもなった。果たしてこの政党組織で次の選挙を闘えるだろうか、との不安がよぎったことも確かだった。

しかし同時に、応援してくれた人たちの顔が浮かんできた。その期待を裏切るわけにはいかない、と思った。そのために自分が先頭に立って変えていかねば、と思い直した。

六月一八日の臨時大会は、偶然にも姉の命日であった。この日、天に「再挑戦」を誓い、総支部長に就任した。

その後は、一日も休むことなく朝街宣、駅でのビラまき、出勤時の道路での手ふりを行った。年末年始も休まなかった。私の有り余る体力についてきた総支部の書記はたった一人で大変だっただろうが、一日だけ遅刻したもののあとは皆勤。やりきったと思う。看板建て・ポスター張りもやった。私が看板を建てる姿を目撃した（知った）市民が、手伝いに駆け付けてくれた。市民との「協働」が生まれた。そんな毎日の積み重ねの中で、二〇一七年一〇月、第四八回衆議院解散総選挙が行われた。

三回目となる今次の選挙では、無所属ではなく初の党公認候補になる、と信じて疑わなかった。ところが、選挙直前になって、民進党が希望の党と合流するため、民進党からは候補を擁立しないということが本部段階で決まった。

党本部の決定方針から、候補者の選択肢としては希望の党か無所属か、どちらかを選ぶしかなかった。私としては、過去二回の経験からして無所属はあり得ない、と思っていた。そこに突如、立憲民主党が立ち上がり、もう一つの選択肢ができた。

党本部が実質解体し、右往左往する中で、候補者たちは分断されることになった。北海道では多くの仲間が立憲民主党からの出馬を選択したが、希望の党や無所属を選択する候補者も出た。私は、支持者の意見も聞き、立憲民主党を選択し、比例で復活し議席を得たのである。

ここまで、池田真紀の過去三回の衆議院選挙の歩みをみてきたが、決して敷かれたレールがあったわけではない、そのことがよくわかってもらえたのでは、と思う。「自ら道を切り開く」と言ってしまえば重いけれど、歩いたところに道ができていく、そんな感覚で行動を起こしてきた。みんながチャレンジできる社会に。みんなが政治に参画できる社会に。

私、池田真紀がなぜ、今、政治なのか、それまでの福祉と行政の現場での活動、池田真紀の「当事者」としてのいわゆる人生の歩みが、今のソーシャルアクションの原動力になっているのではないか、そういう目と感心をもってこの先、読んでほしい。

池田真紀の行政福祉への思い

読者のみなさんは、政治家のイメージをどうお持ちであろうか。お金があって、学歴が高くて、家柄もいい、世襲や秘書など議員の後援会や地元有力者の後押しがあって選挙に出ている、というイメージではないだろうか。

そんな政治家では庶民の生活実態などわかるまい、と思うが、それでも身分が不安定であっては国家のことに専念できないわけで、身分の安定した国会議員はじめ政治家は、上から目線で庶民の暮らしをみていく、そういうものだと私は思っていた。

まさに、戦後の福祉制度がそうであったように、不十分であっても国が責任をもって弱者を救済する、すべての国民の平等の権利を保障するなど、そうした「魂」だけは持っていたと思える。それが、土砂崩れの前兆のようにぽろぽろと小石が転がり落ちるようになったのが、二〇〇〇年の介護保険制度をはじめとする社会福祉基礎構造改革であった。

当時、私は東京都板橋区の職員として福祉事務所で働いていたが、強くその危機意識があったことを覚えている。「公的ヘルプサービスのあり方」「福祉事務所のあり方」等をめぐる検討委員会や自治研活動などが積極的に行われていた。福祉は市場原理に基づくサービスや住民自治、相互扶助といったボランティアだけでは解決ができない、行政の措置的介入は住民の命を守るために必須と考えていた。

認知症になった方は、自ら介護保険制度を利用しようと窓口には来ない。何かに困っている。その困りごとを共有しながら信頼関係を構築し、介護保険サービスなどの行政サービスのつなぎを了解していただく。そういったアプローチは、申請主義でも利用契約でもない。まさにおせっかいという行政介入があるからできる制度へのつなぎである。そういうことを、福祉事務所にいる際に何度も経験した。

時にはヘルパーになり、時には防災士となり、時には同行するなど、ケアプランや個別援助計画や、援助方針などというものは、具体的援助を通してアセスメントを行うことにより、空想ではなくリアルなアセスメントを行うことができる。また、当事者も実際の体験を通して利用を試しながら、自覚しながら迷いながら自己決定する作業を行える重要なプロセスでもあり、迷いに寄り添いながら、揺れながら、確認し、了解を得る作業であると考えている。「支援者が本人抜きで勝手にやっているプランではない」という信頼関係の構築にもつながるのである。このプロセスを踏まないと、利用に至らなかったり、サービスにつながらなかったり、時にはトラブルや拒否といった事態を生むのである。

このプロセスの有無を見極める最初の入り口が、その後を決めると言っても過言ではない程、重要な分岐点である。通報などの第一報や、問合せ、いわゆる最初の総合相談、最初のインテークをいかに丁寧に、的確に、覚悟と責任をもってできるか。それは十人いれば十人違う、アウトリーチも含めて手段も異なる、まさに専門性と人生そのものに寄り添う人間性が欠かせないところであると実感している。

たとえば、認知症や受診拒否の精神疾患の方や児童虐待の疑いがもたれている訪問拒否をする人たちである。犯罪者を捕まえる警察や、虐待認定する児童相談所、施設入所をさせる福祉事務所、入院させる保健所、金銭管理し生活監視するケアマネジャー、そういうふうにしか、当事者には思えないから拒否するのである。もっとも彼ら彼女らは、困っていて、迷っていて、助けてほしいことや手伝ってほしいこと、またそれらが何かわからずにいる人たちでもあり、一緒に「困った」に寄り添い、解決策を見出せれば、困っていることが軽減される。問題は社会の対応がつくりだしていることが大半であり、ニーズに全くかみ合っていないことが最悪の事態を招く。偏見や差別や現在のかみ合わないアプローチがいかに人を狂わし、傷つけるか、胸を締め付けられる事例があとを絶たない。

行政だから、実際の制度にないものであっても介入ができる。直接支援の役割は非常に大きい。援助方法や支援内容が固定化し、ニーズと実施が一致した場合はよいが、そうでない場合には、最悪の事態を招く。このことの危機意識が私の政治的、政策的関心度を急激に高めた。

福祉への関心のスタートは、自身の半生での体験 ――世の中への反骨心

衆議院北海道五区補欠選挙を通して、私の半生が話題となった。幼少期の父親のDV、世間体とは裏腹の家庭内の現実、一家離散の実態。そんな時、いつも「空」を見ていた。亡くなった姉を思い、離れ離れの妹や祖母を思い、世界中、そして宇宙ともつながっている空を見上げていた。

十代で同棲していたパートナーと結婚し、二男を授かった。アルバイトをしながら通信教育を受け、まがりなりにも普通の家庭という最も幸せな日々を実感していたその矢先、二人目の子どもが生まれる頃にシングルマザーになった。「幸せは私には来ない」、夢も希望も持てなくなった時であった。

しかし、怯える毎日は、二人の子どもという守るべき愛おしい存在があったから乗り越えることができた。年齢では十分な成人、二十歳であったが、あらゆる相談機関に行っても、「若い母親」それだけで、差別や偏見の中で事情聴取のような会話が始まる。元夫の蒸発や後から出てきた借金など、事実や困っていることを全否定され、役所も警察も福祉事務所も保育園もみんなが敵に思えた。「この子たちを守らなければ」それだけの思いで突き進み、悩む間もなく探し続け、気が付けば二人の子どもをおぶって霞が関にいた。やっとまともに相談に応じてくれる弁護士に出会えた。サラ金の対応、

離婚手続き、生活保護受給と身辺整理ができ、就職や転居、保育園転園など生活再建をしていったのである。相談とは、徹底的な当事者主義と事実認定からの具体的な援助や支援を伴うものでなければ役に立たないと実感した。

気がつけば、介護、福祉の道を探り、東京都立板橋高等職業技術専門校でホームヘルパー一級課程を取得し、フルパワーで毎日が過ぎていた。ひとり親での仕事は決して楽ではなかった。園長が片親だけの子を差別したり、また、就職しようとしても子どもがいること、シングルであること、近くにサポートしてくれる親族がいないこと等を理由に、門前払いされることが続いた。

でもこの経験が、福祉を必要としている人たちの現実、制度があっても法の解釈・運用の誤りによって傷ついている人たちの現実が、痛いほどわかることにつながった。ますます、福祉への意欲、行政への魂が燃えた。

福祉事務所一四年、民間福祉とフリーソーシャルワーカーの活動

板橋区立在宅介護支援センター登録ヘルパー、練馬区立氷川台福祉園非常勤、豊島区立在宅サービスセンター豊寿園と経験し、一九九七年四月一日に板橋区役所に入庁した。区役所では福祉事務所に配属された。

板橋福祉事務所には一四年間勤務した。行政の役割、使命の追究に没頭した一四年間であった。この間、福祉の制度は、介護保険制度が新設され、支援費制度、障害者自立支援制度もできた。生活保

護も自立支援プログラムが始まるなど、既存の法制度が社会福祉基礎構造改革の中で大きな変革を遂げた。

こうした中で、福祉事務所内の私の身分・職種も、家庭奉仕員（技能系Ⅳ）→介護指導（技能系Ⅰ）→事務（技能）→一般事務（行政職）→生活保護ケースワーカーへの特例転職と激動した。希望していた生活保護への転職は年度途中の異例の人事で、課内異動というカタチによって実現した。当初は、組合からもいろんな意見が出ていたが、結果として、翌年から私に続く希望者が現れ、レールが敷かれた。

既成概念にとらわれがちな公務員の世界であるが、法制度が激動の変革をなす中にあって、公務員が絶対的な使命をもって地域住民の福祉から手放してはいけない。そのことを追究し、時には係長を飛び越え、課長や三福祉事務所、東京都などを巻き込み、新たに必要な業務を確立していった。

また、行政においては福祉事務所だからできること、住民福祉はサービスという優しい響きだけではなく、時には命を守るための行政しかできない措置的介入が必要な場面がある。それが、児童虐待や認知症や女性保護などの契約や市場原理サービスでは憲法第二五条が守られない場面である。

とにかく現場主義と徹底的な当事者と実態に向き合い、時にはまわりと闘ったり、協働したりしてきた。精神疾患のある被保護者を差別的に扱い、玄関をあけておくなどの暗黙のルールに対し、その偏見を払拭した。包丁をもち措置入院を繰り返していた利用者の長男もふつうに話し自ら手伝う場面もあり、偏見がいかに人を狂わし不幸にするか、それが実証された。

また、両親に対しても暴行となるほど力加減がコントロールができない、行動障害の子どもの見守りや受験の同行を行い、他人介護が実現したり、発症から半年で亡くなったが進行性の重度の難病の児童の通学や在宅生活を、直接介護で実現したりした。どれも制度では追いつかない急性期や制度の狭間にいる、しかも支援が固定しない混乱期の中で模索するしかない実態が山ほどあるのがこの行政の福祉だ。

お金で支援や代替できるサービスを購入したり、頼める人がいなかったりするのがこの人たちだ。しかも、自ら助けてと言えない、言っても偏見や門前払いで相手にされない人たちに、憲法にある生存権や最低限の生活をどう保障するのか。「憲法擁護義務」は、憲法第九九条にあるとおり公務員の使命なのである。

しかし、現在なお福祉事務所や児童相談所においては適切な対処をしないことによって、尊い命が犠牲になっている。

フリーソーシャルワーカーへの旅立ち

子どもたちが育った。下の子どもも高校を卒業し、職業を身につける学校へ進学することが決まった。

子どもたちも育ち仕事に没頭していた二〇〇九年、私の身体に異変が起きた。膝の骨折を機に、「骨腫瘍」があることが判明したのである。肋骨、股関節にできていた。整形外科では対応できず、癌研有明病院に転院し、二回の手術。病院では、イケマキサロンを開設してみたり、それなりのエピソードはあったが、またもや「幸せは私には来ない」ことを実感し、死までの人生を逆算するのであった。もう今までのようにバレーボールもフルマラソンもできない。

しかし、この間に、介護の取り組み、生活保護（公的扶助研究や実践）の取り組み、地域活性や防災の取り組みを行ってきたことで、全国に仲間ができていた。そこで、残るエネルギーのすべてをかけて、福祉への貢献、地域の全体底上げをめざして第二の人生に挑むことにした。

二〇一一年、板橋区役所を退職し、北海道へ移住した。三月に東日本大震災があったことから、北海道でNPO被災者支援ネットを立ち上げ、当初の支援活動を始めた。福祉事務所の総合相談のような位置づけであったが、ボランティアの養成とコーディネートの活動だった。

その後、社会福祉士の資格を生かして、地域包括支援センターでケアマネ業務に携わった。また、北海道社会福祉士会という職能団体が北海道庁から受託した被災生活保護受給者生活再建事業を担うなどの仕事をしながら、フリーでソーシャルアクションやネットワークづくりなどの活動を行った。あえて、「フリーソーシャルワーカー」と名乗った。それは枠にとらわれない、勤め先の精神保健福祉士、社会福祉士という意味ではないということを強く意識した活動をしたかったからである。それは職業や職務以外のソーシャルワーカーのもう一つの役割、社会への変革を意識したソーシャルアクションであったといえる。

はじめての政治的ソーシャルアクションは議員立法「子どもの生活底上げ法案」の提出

総選挙後の特別国会が閉会した二〇一七年の年末、五年に一度の生活保護基準の改定が行われ、実質引き下げが決まった。審議した基準部会の委員からは、算定方法を疑問視する意見が出たが、厚生労働省は押し切った。

生活保護基準の改定にあたり、今回、五年前のような熱い議論は交わされなかった。厚生労働省は財務省の言いなりになり、現場の声を聴くこともしなくなった。生活困窮者自立支援法などにより、いかにも貧困対策をやっているかのように見せかけるだけとなり、「まやかしの福祉」で国民をごまかす、そんな感じを強く抱かせるようになった。

今日、公的扶助が限界にきて、社会保障全体の見直しが急務である。戦後最悪の事態、日本型福祉の敗北といっても過言ではない状況が生まれている。厚生労働省は、そうした状況への対応を諦め、手放しの状態になっている。

そんな中にあって、政治家としての行動が何かできないか、この危機感を伝え相談しにいろんな先輩議員を訪ね国会内を歩き回った。心ある議員からアドバイスをもらう日が続いた。そうした動きの中で、先輩の議員と毎日のように、いや一日に何回も政策勉強会を開くようになった。

結果、政府の生活保護削減等に対抗する「子どもの生活底上げ法案（通称）」（生活保護法等の一部を改正する法律案）をまとめることができた。そして、多くの先輩議員の協力、支援を得て、この法案を野党六党共同提案に押し上げ、国会に提出することができた。少し変化球の立法プロセスであったが本当に当事者として心から政治に信頼と希望を感じた出来事であった。

私は、この法案の筆頭提案者として、三月三〇日の総理大臣が出席した本会議において、壇上に登って趣旨説明する機会を与えていただいた。質問に対する答弁も行った。先輩・同僚諸氏による有難い配慮だった。生活保護の過去当事者でもあり、ケースワーカーでもあり、両面から心の叫びが政治に届いた瞬間であった。

しかし、法案はその後、政府案の生活困窮者自立支援法等の一部を改正する法律案とともに、厚労委員会で実質審議に入ったものの、森友・加計学園問題や財務省の文書改ざん問題、自衛隊の日報の隠蔽問題など様々な問題が起きる中で国会は混乱することになった。五月の連休を前にして、与党の強硬な国会運営に対抗して野党が審議拒否の挙に出た。この狭間に、与党が委員会や本会議を強硬的に開き、私たちが提出した子どもの生活底上げ法案を否決し、その一方で政府案を可決してしまった。

与党が三分の二を占める今の国会の勢力図では、何をどう審議しようが、野党がどれだけ抵抗しようが、すべて政府案が可決されてしまう。しかし、この子どもの生活底上げ法案は、今後の制度運用の在り方や基準改定のあり方など、多くの課題を世に提起した。否決されたからと言ってただそのまま引き下がるのではなく、その趣旨が今後の政府の政策、予算案等に反映されるよう、引き続き取り組みを進めていく。

そもそもの生活保護の基準をどうみるか、憲法第二五条の実現に向け、国会議員はじめ国家公務員等は義務を背負っているのである。

これからのソーシャルワーカーへ

世界のソーシャルワーカーは、三つのクライシスに直面し闘っている。地球温暖化の危機、経済の危機、政治の危機である。地球温暖化は地球の生態系を変え、飢餓、難民を生み、経済は格差貧困から暴力、犯罪、移民を生む。政治は新自由主義へ向かい、戦争、紛争へとつながる。

これらの被害者は真っ先に貧困に陥っている人、弱者や子どもなどソーシャルワーカーの目の前にいる人たちである。だから、これらの危機に対して、メッセージを発信しなければならない。ソーシャルワーカーとして、貧困を撲滅し、新自由主義者と闘わなければならない。

そういう世界のソーシャルワーカーとは全く異なる道を歩んでしまった日本型福祉は、このままではボランティア化し、職業すらＡＩや単価の安い労働者へ移行することになる。ソーシャルワーカーとしての独立性は、単に賃金を得るためだけの職業ではなく、その職業としての専門性を確立するためにも、ソーシャルワーカーの創造性が欠かせない。行政や政治にどれだけアプローチできるかも問われている。同時に社会へのメッセージも。

たった一人でもできる。三人つながれば大きなうねりになる。種火は消えない。じっくりと続けよう。人は一生懸命な人に心を動かされるから。いつか燃え上がるように引火する時が来る。信念をもって、素直になって、肩の力を抜いて、「思い」を「言動」、「行動」に。

私がここまで諦めない理由は、当事者力ではないか。だから思うのである。あらゆる「当事者」から感じ、学ぼう、考えようと。

「ソーシャルアクション」「社会変革」は人を動かす、変えるのではなく、自らが動くことで自分もまわりも何かが変わる。動かされともに動く仲間が増える。そんな感じが、池田真紀のソーシャルアクションだ。政治でのチャレンジはまだ始まったばかりだ。

コラム２

ソーシャルアクションもうひとつのかたち
～生活保護費引き下げ訴訟の原告となって

橋本真希子

二〇一二年末、選挙公約に生活保護費一〇％削減を掲げた自民党が政権を取った。その公約どおり、国は翌年から生活保護の生活費にあたる生活扶助基準を平均六・五％、最大一〇％減額するという過去最大の引き下げを段階的に実施した。この引き下げは政治によって始まった。

　引き下げの主な理由として当時のデフレ物価が挙げられていたが[1]、同じ年に国はデフレ脱却を掲げた。これから国全体で物価を上げるという時に、なぜ生活保護費を引き下げるのか。矛盾を孕んだように見える施策に疑問を覚えた。同時に、今後の生活が立ち行かなくなるのではという不安が生まれた。

　納得がいかないまま調べるうちに、今回の引き下げに対する質問や相談に法律家や社会福祉士らが答える全国一斉ホットラインについて知った。それまで生活保護についての知識はほとんどなく、相談できる相手もおらずとても心細かった。緊張しながら藁にもすがる思いで電話をかけたのを今でもよく覚えている。

　一本の電話から、自分以外の生活保護受給者や貧困問題に取り組む人びと、研究者など、本当に様々な人と出会った。そして多くのことを学んだ。生活保護費引き下げは、単に生活保護受給者の生活費が減るだけではない。最低賃金は生活保護を下回らないようになされている。生活保護費の引き下げがなければ、最低賃金はもっと上昇したかもしれない。

　私は現在三〇代で精神疾患を患っているため働いていないが、今後は病状が落ち着いて就労可能となり、生活保護が廃止される可能性もある。最終学歴が中卒で女性である私は、最低賃金張り付きで不安定な非正規雇用になるだろう。最低賃金の全国加重平均は八七四円。フルタイムで年間労働日数上限まで働いても年収は一八一万円。「生活保護を必要としない状態」は貧困から脱却したといえるだろうか。

また、多くの福祉制度が生活保護費を基準に設定されているため、それまでニーズがあってその制度を利用してたのに引き下げ後は利用できなくなった場合もある。

そして、生活保護費の引き下げは医療・介護の自己負担増、年金切り下げなどと共に、財政難を理由とする国による社会保障縮小の流れの中に位置づけられることを知った。

この国は生きていくことが苦しすぎる。そして、今後この苦しさは拡大しより深刻になるだろう。ここで食い止めたかった。そのために私ができることは、生活保護費引き下げ訴訟の原告になって司法の場からこれ以上の社会保障の劣化を防ぐことだと思った。生活保護を受給している者でなければ原告にはなれなかった。

この訴訟では、今回の引き下げは不当として処分の取り消しと国の責任を追及している。同時に、生活保護費は国が保障すべき最低生活基準（ナショナルミニマム）であることからも、この国に暮らす全ての人の生活について問い直すものと私は考えている。ただ生きているだけでよい人がいるだろうか。尊厳ある生活。それをどのように定め、どのように保障するのか。この訴訟を通じて、その答えの一端を知ることができるかもしれない。

さらに、訴訟の原告になってから知った事実がある。生活保護費見直しだけでなく、制度策定などの際も当事者である生活保護受給者の意見が聞かれることはない。障害者分野では審議会に当事者の委員がいるが、生活保護受給者はヒアリングにも呼ばれない。生活保護制度の理念がどれだけ素晴らしいものでも、当事者の声が反映されない制度は「施し」の域を出ることはないと私は思う。

生活保護が誰もが持つ権利を保障する制度に現になるために、政策や現場の運営に受給者の意見を取り入れることが必須だと私は考えている。そのためにも、社会の中で生活保護受給者が安全に議論に加われるようになることを切望している。その一助となるよう、あまりに微力だが、今後も当事者のひとりとして発言し続けたい。

(1) 物価下落の根拠とされた厚労省が独自に作成した物価指数は、実際の物価下落率より大きくなる物価偽装であるとして、訴訟の争点になっている。

第Ⅱ部　私たちは動かされた！

第8章

新聞記者を動かす

~プレスリリースは有効、でも最後は人間力

山寺　香

取材してきたテーマや人

本題に入る前に、少し私の自己紹介をしておきたいと思う。大学・大学院で臨床心理学を学び臨床心理士の資格取得を目指したが、大学院の修士課程在学中に思うところあって進路を変え、卒業と同時（二〇〇三年）に毎日新聞社に入社した。

心理の道ではなく報道の道を選んだ理由は、細分化された専門領域に入って行く前に、一度社会全体を見ておきたいという欲求が生まれたからである。とはいえ、もともと人の心、とりわけ子どもの心に興味があって臨床心理学を専攻したので、心理の道を離れたからといって興味の方向が変わったわけではない。

初任地の仙台支局では、犯罪被害者の遺族、その支援にあたる警察や民間団体の取り組みなどを取材した。また、交通事故などによる脳損傷の後遺症として記憶障害などが起きる高次脳機能障害の男性とその家族に話を聴いて記事を書くなどした。

二〇〇八年に東京本社に移ってからは、当時自殺者が年間三万人を超え「自殺大国日本」とまで言われていた問題を取材するようになった。また、自殺と貧困は密接な関係にあることから、自然と貧困問題に取り組む人たちの取材もするようになっていった。

さいたま支局に赴任した二〇一四年以降は、警察・裁判担当だった同年一二月に川口市で祖父母を刺殺した当時一七歳の少年の裁判員裁判を取材した。この事件は、単に「素行の悪い不良少年が遊ぶ金欲しさに祖父母を殺害した」という単純なものではなく、背景には、これまで取材してきた自殺や貧困問題などに通じる社会問題が凝縮されていると感じた。

事件はなぜ起きたのか、周囲の大人や行政は事件が起こる前に少年を助け出すことができなかったのか。少年の生い立ちと関わった人たちを取材した。この事件の取材を契機に、東京本社くらし医療部に在籍する現在に至るまで地域で子どもを支えることをテーマに取材をしている。

なぜこうしたテーマを取材するのか

なぜこうした問題を取材するのかというと、そもそも人の心に関心があるからである。心に関心を持つきっかけについて、非常に個人的な話ではあるが、今なぜこうした取材をしているかにつながっているため簡単に記したいと思う。

小学校六年生になるとき、初めて転校を経験した。一学年百人ほどの小学校から、全校生徒が百人ほどの学校に移り、まったく異なる雰囲気や環境にとまどった。

目立ちたがり屋で根拠のない自信にあふれていたそれまでとは打って変わり、周囲の様子をじっとうかがいながら過ごした。

どう振る舞ってよいかが分からず、心の中は不安と焦りでいっぱいだった。しかし、周囲の目には「すましている」と映っていたようだ。ある日、年配の男性教師が私を見ながらあきれたようにつぶやいた。

「香さんはやる気がないんだね。『私は都会の子よっ』て顔ですましちゃって」。

これを機に、自分の殻に閉じこもる度合いが深まっていった。

自分に自信が持てなくなり、それまで苦労を感じたことのない友人を作る方法さえ分からなくなり、それまでのすべてが足下から崩れていくような恐怖感を感じていた。

殻に閉じこもり、自分を見失ったまま高校生になった。そんな状況から脱するきっかけは、ある日突然やってきた。担任だった女性教師が突然（私からしたら「突然」と感じた）、「あなた最近、元気ないんじゃない？」と声を掛けてきたのである。自分のことなど誰も気に掛けていない。そう思い込んでいたのでとても驚き反射的に曖昧な笑いを返したが、その後学校内のトイレに行って泣いた。

女性教師とは、それまでじっくり話したことはなかったが、今振り返ると、掛けてくれた言葉から「あなたのことを見ているよ」というメッセージを感じたのであろう。目の前しか見えずに思いつめ、「生きていても仕方ない」とさえ思っていた心に、「私も人の心を元気にする仕事に就きたい」という希望の光が灯った。

大学、大学院では臨床心理学を学び、子どもの心を元気にする心理カウンセラーを目指した。しかし、大学院在学中に進路を変更し新聞記者になった。今でも、報じることを通して人の心を元気にしたいという思いは変わっていない。「あなたのことを見ているよ」。このメッセージが伝わるような記事が書きたいと思っている。

心惹かれる取材テーマ

人の心に興味があると言っても、その範囲は限りなく広い。その中からどうやって取材テーマを選ぶかは人それぞれであるが、私の場合は「心に響くか」「心が震えるか」といった感覚的な部分が大きいように思う。

好きなテーマを取材できる遊軍記者を除き、新聞記者には警察、裁判、行政、スポーツなどそれぞれの担当がある。多くの記者は最初に赴任した地方支局でこれらを一通り経験し、本社に行ってからも担当を割り振られることが多い。そのため自ずと好きな取材ができる時間や分野は限られてくるのだが、その限られた中で私の場合は、取材対象の方の「生き方」に心を打たれ、継続的な取材に至ることが多い。

その問題に取り組む並々ならぬ思いの強さに触れ、問題解決のために社会を変えたいという主張の内容に強く共鳴した時だ。

このように説明しても漠然として分かりにくいと思うので、次に私が継続的に取材するに至ったテーマについて、具体的に述べていこうと思う。

継続的なテーマ①高次脳機能障害

高次脳機能障害に関する取材をしたのは、入社五年目、初任地の仙台支局での最後の年だった。当時は県庁取材の責任者（「県政キャップ」と呼ばれる立場）だった私は、宮城県庁内にある県政記者クラブに投げ込まれた（「投げ込まれた」とは、記者クラブ内にある各社のレターボックスに投函された、という意味）一枚のリリースを見て、「場所もここからすぐだし、一度のぞいてみようかな」という軽い気持ちで取材に出かけた。

リリースは、高次脳機能障害の人を支えるＮＰＯ法人が、当事者や家族向けに高次脳機能障害について情報を提供するセミナーを開くという内容だったと記憶している。当時私は同障害についてほとんど知識はなったが、ちょうど時間も空いていたため、足を運んでみることにしたのだ。

会を取材し、高次脳機能障害は交通事故や脳卒中などにより脳が損傷し、後遺症として新しい情報やエピソードを覚えられないなどの記憶障害、注意散漫などの注意障害等が起こる障害で、誰もがなる可能性があることを知った。体は健康で外から見ると健常者に見えるため「見えない障害」もと呼ばれ、それゆえに当事者や家族は周囲の理解が得られずに苦しんでいるという現状も初めて知った。

当事者や家族の話が聞いてみたくなり、会に取材を申し込んだ。取材に応じてくれることになったのは、同会で「ピアカウンセラー」として働く女性だった。女性は高次脳機能障害の夫を支えながら、子ども二人を育てていた。

女性がこれまでに経験した話を聴きながら、私は心が大きく揺さぶられた。脳卒中で倒れるまでは仕事に自信と誇りを持ち颯爽と働いていた自慢の夫が、元気に出勤して行った直後に突然倒れ、命は取り留めたもののまるで「別人」になってしまったという。意識を取り戻した当初は家族の記憶を失い、衝動の抑制が効かずにまるで子どものような性格になってしまったというのだ。

自分と子どもたちを守るスーパーマンのようだった夫が「別人」になったことは、女性に大変な衝撃を与えた。働けなくなった夫に代わって働くようになり、周囲の無理解に傷つき時に絶望しながらも、夫の回復を信じて向き合い続けた。そして取材した当時も「新しい夫」を受け入れようと葛藤が続いていたが、「新しい家族」として一歩を踏み出そうとしていた。

私は、この女性の生きざまと、自分が自分でないような苦しみと葛藤の中で妻の努力に報いようとリハビリに努める夫の生きざまに心を打たれ、取材に通うようになった。そして、家族が歩んできた葛藤と苦悩の日々、それでも家族で前に進もうとする歩みを毎日新聞宮城県版で「別人になった夫　高次脳機能障害」と題した三回の連載（二〇〇八年三月二〇～二二日）にまとめ、番外編として専門医にインタビューをして同障害の当事者を苦しめている制度面の問題などについてまとめた記事を掲載した。

継続的なテーマ②自殺対策

自殺対策を初めて取材したのは、仙台支局から東京本社夕刊編集部に異動して二年目、入社七年目の頃だった。当時はまだ、自殺は社会問題ではなく個人の問題、自殺する人は弱い人間である、という意識が根強く残っていた。私自身も当時はそれほど関心を寄せていなかったテーマだった。そんなある日、当時の夕刊編集部の編集長から突然、「自殺問題で三回の連載をしろ」という指令が出た。編集長が語った「自殺問題は社会を映す鏡だ」という言葉に導かれるように取材を始めたが、当初はまだピンときてはいなかった。

自殺問題について調べ始めると、自殺防止のための対策に取り組む東京都内のＮＰＯ法人「ライフリンク」にすぐに行き当たった。私が取材を始める数年前の二〇〇六年に施行された自殺対策基本法は、政治家らを巻き込んでライフリンクが成立の原動力となり、国や地方自治体が自殺対策に取り組む道を開いた。

私が取材した当時、ライフリンクでは自殺対策をより実効性のあるものにするため、大切な人を自殺で亡くした遺族への大規模な聞き取り調査と平行し、自殺対策基本法に基づき策定された自殺総合対策大綱に具体的な自殺対策を盛り込むための政治家への働きかけなどにも奔走していた。

自ら命を絶った方や遺族の切実な声を拾い上げ、そこから自殺防止のために重要な要素を抽出して政策立案につなげていく。清水康之代表の理念と情熱、行動力に多くの人が共鳴し、民間団体、政治、行政が一体となって前進していく様子を目の当たりにした。それは、私も含め多くの人が持つ「こんな社会になったらいいな」という思いを夢物語で終わらせず、一歩ずつ実現していく戦いの過程だった。

取材では、ライフリンクの新しい取り組みを記事にし、その過程で新たに出会った団体や自治体などの取り組みを報じた。同時に、自殺問題は社会で取り組むべき課題であるという考えを広く知ってもらうため、著名人のインタビューや著名人と清水代表との対談なども掲載した。

自殺対策の取材を通し、社会からかき消されそうな「声なき声」を拾い上げ、それを政策立案に反映させていく一連の様子をリアルタイムで目にすることができた。この体験は私にとってとても大きなインパクトがあり、社会はこうやって変えていけるのだというイメージが胸に刻まれた。この経験は、その後の私の取材に影響を与えていくことになったのではないかと思う。

継続的なテーマ③子どもの貧困・虐待問題

貧困は自殺に至る要因の一つでもあり、自殺問題を取材していた頃から貧困問題にも関心を持って取材することが増えていった。そんな中で今、特に子どもの貧困問題が私にとって大きな取材テーマとなっている。それは、二〇一四年一二月に取材した少年事件が契機になっている。

その事件は、埼玉県川口市のアパートの一室で二〇一四年三月、当時一七歳だった少年が共に七〇代の祖父母を刺殺し金を奪った事件だった。強盗殺人罪に問われた少年の裁判員裁判を取材すると、少年は小学校五年生から学校に行っておらず、母親と義父に連れられ住民票を移さないまま各地を転々としていたために行政が居所を把握できない「居所不明児童」になっていたことが明らかになった。それにとどまらず、一家は特定の場所に家を構えることがなく、ラブホテルでの宿泊と野宿を繰り返していた。さらに両親から身体、精神、性的、ネグレクト（育児放棄）のあらゆる虐待を受けていたのだ。

義務教育の機会さえ保障されなかった少年は、事件を起こさなければ福祉で保護されるべき「被害者」だった。事件に至るまでの過程で、多くの大人が少年と関わりながらも結果的に救い出すことはできなかった。少年だけが懲役一五年の罪を背負って世間から忘れ去られていくことに焦りを感じ、さいたま地裁判決後に当時拘置所にいた少年と数回面会をし、手紙のやり取りを続けた。同時に少年の生い立ちと事件に至るまでに関わった人たちを取材し、事件の背景を『誰もボクを見ていない』（ポプラ社）という一冊の本にまとめ、二〇一七年六月に出版した。

この事件の取材を通し、家庭が安全な場所ではなく学校との関係も切れて居場所がない子どもたちを救うにはどうしたらよいのかと考えるようになった。取材を続ける中で、貧困や虐待といった困難な環境で生きる子どもたちを地域で支えるために様々な取り組みをしている方々に出会った。

そうした方々がこの問題に取り組むようになった経緯を聞くと、子どもたちが置かれた切実な状況が浮かび上がってくる。それは、胸が苦しくなるような切迫した状況であることが多い。そんな現状を何とか打開しようと活動を続ける方たちの思いや覚悟に触れた時、いつも心が揺り動かされ、この取り組みをたくさんの人に知ってもらいたいと強く思う。

『誰もボクを見ていない』を読んだ方から寄せられた反響で多かった内容は、「自分にも何かできることはないか」「一歩を踏み出したいが、何から始めたらよいか分からない」というものだった。これだけ多くの方が「きっかけがあれば何かしたい」と思っているならば、記事を書くという自分の本業を通しその「きっかけ」作りの一助となれないかと考えた。

二〇一八年五月に毎日新聞埼玉版で開始した随時掲載の連載企画「子ども　みんなで支える」では、子どもを取り巻く問題の解決を目指す方たちの活動と思いを伝えると同時に、その活動に関心を持った読者の方がすぐに行動に移せることを具体的に記した「私にできる一歩」というメモを別項としてつけることにした。

記事を書く仕事を通し、みんなの「こういう社会になったらいいな」という思いを少しでも現実のものにしていくために何ができるのか。取材対象と読者の方の声から学びながら、今後も考えていきたいと思っている。

記者は取材相手によって育てられる

以上、三つのテーマについて私がどういう経緯で取材を始め、何を感じ、どう記事にしてきたかを記した。

そこにあるように、記者（私の場合）が何のテーマについて掘り下げた取材をするかは、取材相手との出会いが大きく影響しており、あらかじめ決まっているものではない。そして、取材や雑談を通して新たな物の見方や考え方、社会がどうなっていくことが私たちにとって最善なのかについて考え、学んでいく。そして、そうしたやり取りを通して書き上げた記事に対し、読者の方からいただく反響を読み、必要とされている情報を効果的に届けるために「次回はこういう工夫をしよう」とまた学ぶ。記者は、取材相手、そして読者によって育てられるのである。

記者に情報を届けるには

ここまで私が取材相手の方とどんな関わり方をしてきたか書いてきたが、そもそも記者と出会う機会がなかなかないという人もいると思う。ここでは、取り組みをどうやって記者など取材をする人に伝えるかについて、少し説明してみようと思う。

記者が何かを取材するきっかけになるのは、先に述べた高次脳機能障害の取材のように、取り組みを行う団体や個人から届くプレスリリースであることが多い。

プレスリリースは、公共性、公益性の高い取り組みを広く知ってもらいたいと考える個人や団体が、マスコミ各社に対し活動の概要を簡潔にまとめた資料を提供するものだ。問い合わせ先の電話番号などを明記しておけば、関心を持った記者が連絡をしてくる。

プレスリリースの提供の仕方の一つは、テレビや新聞など報道各社にファックスや郵便、メールなどで送る方法だ。電話で各社に問い合わせて資料を送りたい旨を説明すると、送り先などを教えてくれることが多い。また、県庁や県庁所在地の市、政令市などには「記者クラブ」が置かれており、そこに設置された各社のレターボックスに投函するなどして配布する方法もある。対応は各記者クラブによって少しずつ異なるため、配布方法などについては各記者クラブに問い合わせるのがよいと思う。記者が報道するかどうかは、公共性や公益性があるかどうかが一つの大きな基準となる。また、プレスリリースを届けたからといって、各社から取材の問い合わせや依頼があるとは限らない。

効果的なプレスリリースの作り方

プレスリリース作成にあたっての留意点を、これまで多くのリリースを目にしてきた体験から何点か挙げてみたい。個人的な見解なので、参考の一つと考えてほしい。内容はできるだけ分かりやすく簡潔に、日時、場所、連絡先等を明記。その取り組みがどんな社会問題のどの部分の解決に寄与するのか全体像を示し、問題を的確に表す客観的なデータがあれば盛り込むと、「今なぜ取り上げる必要があるのか」という意義が伝えられる。「今」「なぜ」は、記事にする上で非常に重要な要素である。記者は日々の取材に追われせわしなくしていることが多いので、できるだけA4用紙一枚にまとめる方が読まれる率は高まると思う。

また、プレスリリースよりもハードルは高くなるが、記者会見のような形で記者に直接説明する機会を設けられる場合もある。各記者クラブによって運用が異なるので、対象のクラブに相談してみるとよいと思う。

記者との付き合い方

ここまで私自身の体験を基に書いてきたが、結局は記者も普通の人間であり人それぞれ、というのが実際のところだろう。

知り合うきっかけはどんな形であっても、出会った記者と人間同士の付き合いをしてみてほしいと思う。取材を通してやり取りを重ねるうちに、信頼できる人かどうか、思いを共有できる人かどうかが次第に分かってくるはずだ。もし気が合うと思ったら、記者と取材対象という関係を越え、同じゴールを目指す同志のような関係が築かれていくかもしれない。

こんな社会になったらいいな。社会課題に取り組む人たちと記者のビジョンが共鳴し合った時、協働によって足し算よりも大きな効果が生まれるかもしれない。

第9章

テレビメディアを動かす：キャスター

～自分と同じ思いをしている人はきっといる

岸田彩加

震災を体験

二〇一一年三月一一日午後二時四六分。

当時、北海道のNHK室蘭放送局でキャスターを務めていた私は、東日本大震災が起きた時、出張のためNHK札幌放送局にいた。その日は北海道内に七つある放送局のキャスターが道内各地を旅するという企画の放送を次の日に控え、打ち合わせのために担当の部署にちょうど到着したところだった。

目まいかとも思えるようなゆっくりとした揺れが起きた。その時の北海道札幌市の震度は三だったが、ビルの四階にいたことも関係したのか、比較的大きな揺れだと感じた。民放などの緊急地震速報は、発表された土地にのみ流れるものだが、NHKではどこで発表されても全国で知らされることになっている。東北地方に緊急地震速報が発表され、見たこともないような震度が画面に表示された。

北海道内でも津波の心配や地震による被害がある可能性があったため、周りにいたスタッフたちは、「ちょっとそこで待っていて」と言うと、全員バタバタとスタジオや放送を出すための送出卓へ向かった。私は勝手もわからず、大きなテレビの画面の前で、何もできずに呆然としているしかなかった。

結局その日は念のためということで元々予定していた打ち合わせをして帰宅となったが、もちろん次の日の放送は全て震災関連の特別番組に変更された。

私はテレビ局にいたにもかかわらず、視聴者のようにテレビを見るだけしかできなかった自分に大きな違和感を覚えていた。

何もできない自分に憤りを感じる毎日

室蘭放送局に帰ってからも、複雑な気持ちは続いた。

毎日の放送は、震災に関連するものになり、東京の放送センターからの全国向けのニュース番組か札幌放送局からの北海道向けの番組に集約され、室蘭放送局のローカル向けの番組は休止となった。

普段は、ニュースの取材や情報番組の準備などで忙しいが、この時私たちがやる業務と言えばラジオニュースを読むことか、天気予報の原稿を書くことなど、とても限られたもので、それ以外の時間はニュースや新聞で被災地の状況をただ見ることしかできなかった。

放送局で伝え手として存在しているはずなのに、何もできない自分に憤りを感じる毎日。そんな中、地元の新聞の小さな記事に目が留まった。

それは、地元にある食堂の女性店主が、実家が被災した東北出身の学生の支援をしているという内容のものだった。その食堂は、学生はあまり料理をする機会もないだろうと、きんぴらごぼうやお浸しなど栄養バランスを考えた副菜がたくさんついてくることで知られていて、大学の目の前にあり、普段から学生で賑わっていて、店主は「室蘭のお母さん」と親しまれていた。

保護者が被災して離職したり、実家が半壊以上の被害を受けたりした学生を対象に、朝食と夕食を無料で提供することを決め、まだ申し込みはないが春休みが終われば利用者も出てくるのでは、とその新聞記事には書かれていた。

新聞記事にはさらに女性店主が、日々東日本大震災のニュースを見ていて大変心を痛め、「被災地に行くことはできないが、何か私にできることはないか」と、せめて近くにいる東北出身の学生を食事の面で支援しようと考えついたと書いてあった。

私はこのことを多くの人に伝えたいと思うようになっていった。彼女も何もできないことに憤りを感じ、できる範囲の支援をしようとしている。そんなところに共感を抱き、心を動かされた。もしかすると、彼女や私のように感じている人がいるかもしれない、そんな人たちに何か伝えられないか。それが、伝え手としての自分のやるべきことなのではないか。そう考え始めると、居ても立っても居られなくなった。

一つの企画を作りあげる

一つの企画を放送するためには、まずは放送できる枠をもらえるかお願いするところから始まる。室蘭局のローカル枠があれば、室蘭局から放送できるが、その頃はまだローカル枠はなく、北海道内のニュースは震災関連のものを中心に、各局から集められて札幌局から流す状況だった。

限られた放送枠を確保すること、そして北海道全域に流すことのできる内容のものを作らなければならないと考えると、ハードルは高かった。しかし幸いにも当時の報道デスクは私の気持ちを汲んでくれ、ＮＨＫ札幌局に働きかけをしてくれることになった。

何とか放送枠をもらえた後もやるべきことはたくさんある。私たちＮＨＫの地方局キャスターは、自ら企画を提案し、取材から編集の立会いまで記者のような仕事を求められるため、企画書の制作から取材交渉までしなければならない。

周りの編集マンやカメラマンに相談し、どのような要素があればよいかなどを確認した。一分程度のニュースとは違い、食堂で女性店主を撮影するだけでは四分以上ある企画リポートを作ることができないからだ。支援を受けている学生も詳しく取材をしようということになったが、実家が被災したばかりの学生が気分を害することなく取材を受けてくれるかということについてはとても不安だった。

私はそれまでも何度か企画リポートを製作し、放送になったこともあったが、基本的には、街でこんなイベントが行われている、こんな面白い人がいる、などといった紹介が中心で、取材相手に無条件に喜んでもらえる内容ばかりだった。そのため取材を受けてもらえるか心配になることは初めてのことだった。

現場にいってさらに強くなった気持ち

大学の正門から出てすぐの場所にある食堂にお邪魔すると、はつらつとした明るい笑い声が印象的なまさに「お母さん」という雰囲気の店主が迎えてくれる。お店は、学生と見られるお客さんでほとんど満席の状態で、賑わっている。提供している食事も、焼き魚などのメインのおかずに副菜、茶碗いっぱいのごはん、さらに小皿に乗った惣菜が六種類以上。味噌汁もついてお値段が一〇〇〇円前後と、学生に人気なのも納得の内容だ。

女性店主に直接話を聞くとは東日本大震災が起き、その被害についてテレビなどで目にしたときに真っ先に思ったのは「私のお店に来てくれている学生たちは、食べていけるんだろうか。卒業できるんだろうか」ということだったという。その大学に当時通っていた岩手、宮城、福島出身の学生は一〇〇人あまり。もちろんお客さんの中にも東北出身の学生はいた。自分にできる支援はないかと考えた時、できることは料理を作ることしかない。困っている学生に料理で支援をしようと、この試みを始めたそうだった。

提供される食事は朝、昼、夜の三食。好きな時に来て、六種類ほどの日替わりのおかずを好きなだけ食べて良いというものだった。

店のカウンターの中に入って自分でおかずを取り、ご飯も好きなだけよそう。店主と談笑しながら冷蔵庫を開けて、中からお茶を取る学生の姿を見て、家族のような温かさを感じた。店主が、「震災直後は、家族が心配、自分の将来も心配、などと不安そうだった学生たちの表情が変わっていくのが分かった。笑顔を取り戻してくれてうれしい」と話していた通り、学生は店にいる間、穏やかな笑顔で店員と話すなどしていた。店主が「いってらっしゃい」と学生たちを送り出していたのが印象的だった。

この取り組みを伝えたいという気持ちは、実際に食堂に行ってさらに強くなった。店主の人柄、笑顔を取り戻したという学生の姿を見て、同じような気持ちの人に安心してもらったり、自分にも何かできることがあるかもと感じてもらったりしてほしいと思った。店主が話していた、「私にできることは料理しかなかった」という言葉と同じように、「私ができることは、伝えることだ」と感じた。

店主は取材を快諾してくれて、さらに取材できる学生を探してくれることになった。その時点で支援を受けている学生は四人ほどいた。恥ずかしい、震災の話はしたくない、などの理由で三人に断られ、一人だけ取材を受けてくれる方が見つかった。

彼は東日本大震災で震度六弱を観測した岩手県陸前高田市出身の二年生の学生だった。家族は全員無事だったが、実家が全壊し家族からの仕送りも途絶えてしまったと言う。そんな中で食事提供の取り組みを知り、利用するようになった。授業が終わると食堂へ行き、少し早い夕食を食べた後にアルバイトに出かける。学生は、親からの仕送りが止まってしまい、アルバイトでなんとか生活を保っている状態だった。取り組みについて、「お店に行くと毎回次の日の朝食用にお弁当がいるか聞いてくれる。最初は無料で食べさせてもらって申し訳ないという気持ちもあったけど、今は純粋にありがたいと思う」と話していた。

この内容は、札幌放送局から全道に向けて定期的に放送していた「シリーズ大震災と向き合う」の内のひとつとして全道に放送された。大きなニュースではないものの、人の暖かさが伝わってよかったと上司に声をかけていただき、自分のできる範囲で震災支援に関わることができたのではないかと充足感を感じていた。

反響があり優しさの連鎖ができた

驚いたのは、放送から数日後のことだった。取材をさせていただいた女性店主から電話があり、放送を見たという方から野菜やお米などの提供が何件もあったことを伝えられた。中には、車で往復四時間かけて野菜を届けてくれた農家さんもいたとのことで「ありがとう」と言っていただいた。

私がこの取材をしたのはもちろんお店に食材が届いてほしいと思ったからではない。しかし、大変な状況になっている東北のために「自分にできることはないか」と考えていた人は他にもいたのだということがわかり、同時に、マスコミの力は大きいものなのだと改めて感じた。

後日、実際に野菜を届けたという農家さんにお会いする機会があったが、彼は「放送で女性店主の姿を見て、自分も何かしなければという気持ちになった。できる範囲でやればいいのだということを教えてもらった気がした」と言っていた。

それを聞いて、広い北海道の中のとても小さな街で行われた取り組みではあるが、一人の人が動くことでまた誰かが動いて、優しさの連鎖ができあがったのだと感じた。何もできず悔しい思いもあったが、結果的に伝え手としての役割が少しでも果たせたのではないかと、これまでにない喜びを感じた。

テレビのチカラ

インターネット社会、テレビ離れと言われている昨今だが、マスコミの影響力はまだまだ大きいものだと感じる。

たとえば、身近な話題でいうと、テレビで紹介されたお店に行列ができる、テレビでよく使われている言葉が流行する、などはみなさんも感じることが多いと思うが、私がその影響力について強く実感したのは、二〇一七年一〇月に行われた衆議院議員選挙だ。

九月、安倍総理大臣は、「国難を突破するため国民の信を問う」と解散を表明した。当時は「森友学園」「加計学園」問題に関する議論が紛糾しており、安倍内閣への支持率も低下していた。一方で小池百合子東京都知事は、支持を伸ばし、夏に行われた東京都知事選では自らが代表を務める「都民ファーストの会」が圧勝となった。

「モリカケ問題」で内閣支持率が低下し始めている中での解散総選挙で、テレビでは自民党、民主党、小池百合子氏率いる希望の党との三つ巴と盛んに報道された。

そもそも、小池氏は「私の最大の味方はメディア」と言っていたこともあるように、メディアを巧みに利用して支持率を伸ばしてきたのが特徴だ。「クールビズ」などキャッチーなカタカナ語を使うことなどがその手法の一つと言われている。

衆院選でよい勝負をするのではないかと言われていた希望の党だが、小池氏の「排除」発言で戦況は一転。「排除」という言葉を使っている会見のシーンは何度もテレビで放送され、それと共に政党の支持率も低下していった。マスコミをうまく利用し駆け上がってきた小池氏が、マスコミによって突き落とされてしまったのだ。

もちろんこれまでも政治家の失言で政治の状況が大きく変わることはあったが、本意不本意関係なくマスコミによって作られた潮目に視聴者である私たちが影響を受けた様子を間近に見た気分になった。

テレビとの接点の作り方

マスコミの影響力を借りて、活動や商品などをアピールしたいという方は、たくさんいらっしゃると思う。ある時「マスコミの力を借りて自分たちの活動を広めたいがどうすればよいのか」と聞かれ、考え込んでしまった。私は長くテレビ局で仕事をしているが、どうすればマスコミは取材にくるのか、ということについてはあまり考えたことがなかった。

マスコミと一言で言っても、取り上げる話題を探し出し、形にするのは主にディレクターの仕事だ。そこで、周りのディレクターにも聞き取りをして、改めてマスコミへのアプローチ方法を整理してみた。以下は、私がこれまで経験した環境の中での話であり、例外もあることは了承いただきたい。

ＦＡＸをテレビ局に送る

私のいた部署にはＦＡＸが置いてあるが、企業や団体などから、新商品の紹介、イベントの告知などがプレスリリースという形で続々と送られてきている。数えてみると、私が見た日は一日に一〇通以上はきているようだった。

周りのディレクターに聞いてみると、このＦＡＸを見て取材を申し込むこともあるが、そこまで多くはないとのことだった。ＦＡＸは、芸能人が参加するイベントや新商品の紹介などを告知するなど様々な分野の内容が送られてきているため、ニュース番組である私たちの部署では取り扱えるものが限られているとのことだった。

ＦＡＸから番組につながった例としては、ディレクターのＫさんがリニューアルオープンしたカフェを告知するＦＡＸを見て番組を作ったことがある。おしゃれでおいしいお店が好きな彼は、その告知をみてどうすればカフェを取材できるか考え、卒業するキャスターを送り出すために、キャスター同士でトークするという番組を提案し、場所をそのカフェに設定することで、そのカフェの取材に成功した。

ＰＲ会社に依頼する

ＰＲ会社から依頼をされて取り上げるということもある。それぞれのディレクターには、親しくしていたり、関わりを持ったことがあったりするＰＲ会社の人がいて、そこから「こんなものがあるんだけど」と取材を依頼され、番組になることもあるようである。マスコミと企業を引き合わせて顔をつなげるというＰＲ会社もある。まずはＰＲ会社を探すということも手かもしれない。

ディレクターのＭさんは、知り合いのＰＲ会社の人から「面白いアイドルがいるので取り上げてくれないか」との依頼を受けたそうだ。先ほども記載した通り、私たちの部署はニュース専門チャンネルのため、取り扱えるジャンルや内容がかなり限られる。アイドルはなかなか難しいのでは、とそのアイドルを調べてみると、様々な分野で活動をする中で、ある自治体と連携して観光地や食などをＰＲする活動をしていることがわかり、そこを切り口にした番組ができ上がった。

私もスタジオでのキャスターを担当したが、ニューススタジオにきらきらの華やかな衣装を着たアイドル、その隣に、取り組みを行っている自治体の市長がスーツで、というなかなか目にすることのないような構図ができ上がり、とても斬新で面白い番組となった。

電話で直接ＰＲする

直接電話がかかってくることもある。ある人は、ビジネス関係の番組を経験していた時期、番組で企業を取り上げてほしいと、様々な企業からひっきりなしに電話がかかってきていたこともあったそうだ。大きなテレビ局では番組ごとに部署が分かれているため番組に狙い撃ちでかけてくださっていることが多いようだ。ただむやみやたらに電話をされても、マスコミ側も困るだろう。

カメラマンも経験したことのあるHさんは、それぞれの番組にはカメラクルーがついているが、数がかなり限られていて、なんでもかんでも取材できる訳ではない。その番組に合った内容を提案しないと取り上げてもらうことは難しいと話していた。

私にも、一度取材したことのある企業から「こんなことをやっているのだが、岸田さんが働いている局でやっている、○○という番組の△△というコーナーで取り上げてもらえないでしょうか」という連絡をもらったことがある。残念ながら私は直接その番組に知り合いはおらず、一緒に働いているディレクターから別の番組のプロデューサーなら紹介できるとのことで、提案してもらった。するとそのプロデューサーは、これは○○の方が向いているね、と企業側が提案していた番組につながったこともあった。

私はこれを聞いて、その企業の担当者の方は、しっかりと番組の内容を把握しマーケティングをした上で自分たちの活動はこのコーナーなら取材してもらえるかもと、連絡をくださったのだと、ていねいな心がけに心を打たれた。

SNSでPRする

Facebookから取材が始まると話していたディレクターAさんもいる。Aさんは働く母親として、働き方改革や夫婦別性などに興味を持っていて、これまでも何度もそれに関連する取材をしていた。Facebookで、一度取材した人や興味のある事柄をフォローしていると、自然と情報が入ってくる。始めた当初は出かけた場所やおいしかった食事など、個人的な投稿をしてプライベートで使っていたが、だんだんと労働環境に関する情報などが流れてくる方が多くなっていくほどだったそう。関連するイベントなどの情報もすぐにわかるため、そうして目にした情報からまた興味のある動きなどを取材して番組にするという。

私の現在の立場

次に、自分の立場から考えてみることにする。私は、二〇一五年からフリーアナウンサーとして東京で活動している。二〇一八年三月まで二四時間ニュースを流すチャンネルでキャスターを担当していたのだが、普段読んでいるニュースはＴＢＳの記者が取材したものをそのまま流しているため、自分で取材をする機会はなかなかない。しかし、専門家をお呼びして一つのテーマについて四〇分ほどお話を伺うという番組を月に一度ほど担当しており、そこでは自分の興味あるテーマを提案して番組にする機会もあった。

これまで自分で提案して番組になったテーマは、「女性の活躍推進」、「シェアリングエコノミー」、「老後のための資産運用」などである。

なぜこれらのテーマを取材したかというと、単純に「私が個人的に面白いと思ったから」だ。「女性の活躍推進」は、いつもお邪魔しているシンクタンクでの勉強会で聞いた女性の活躍推進に関する話に、働く女性として共感し、深く知りたいと思ったことがきっかけだった。当時は労働環境の男女格差なども話題になっていたため、女性の活躍を推進している企業を中心に取り上げた。

「シェアリングエコノミー」は、シェアハウスに住んでいる友人から話を聞き、興味がわいたところからはじまり、家だけではなく、車や技術など様々なことがシェアされているということをある企業のインターネットサイトで知り、その企業が行っていたイベントにお邪魔してアプローチした。

「老後のための資産運用」に関しては、一度取り上げた話題からその分野に興味を持ち、著書なども出しているその業界では有名な方にお願いして番組を作らせてもらった。

全ては身近な生活や自分の興味のあることからはじまったものだった。

もちろん、マスコミは興味のあることだけ放送してよいということはない。伝えるべきことは逃さず伝え、その中でもそれぞれの作り手が、興味のあることや感銘を受けたことなどを番組という形にしているのだと感じる。

テレビ局の人との付き合い方

ここまでまとめてきて、自分の活動など伝えたいこと、知ってほしいことがある場合、「つながりを作ること」が第一歩なのではないかと考える。そして、そのつながりをつくる対象は、自分たちの知ってほしいことに興味がある人、ということが大切なのではないか。

マスコミの仕事をしている人は、何かしら「伝えたい」と思っている。何かを伝えて社会を変えたい、何か感じてほしいと思っている。さらに言うと、取材をする人たちは、常に「ネタ」を探している。

イベントを主催する、ＳＮＳで情報を発信する、直接働きかけてみる。このようなことから一度つながりを作れば、新しい動きがある時などにこちらから知らせることもできるし、マスコミ側から連絡が来ることもあるのではないか。

テレビというと、どことなく遠いことなどと感じる方も多いかもしれないが、その向こうには、みなさんと同じように、人に何かを感じてほしい、社会を動かしたいと思っている人々がいる。

自分と気持ちが同じマスコミ人を探して、ぜひつながってほしいと思う。マスコミ人もつながりたいと思っているのだ。

第10章

テレビメディアを動かす：ディレクター

～当事者の物語が世を動かす

鹿島真人

ある番組との出会い

「ドキュメンタリー」と聞くと、どんな番組を思い浮かべるだろうか。歴史的な事件・事故、災害や、珍しい自然現象、スポーツ選手の挑戦、ビジネスの競争、障害者などのマイノリティ、または、世界の多種多様な民族事情など、多岐にわたるテーマがあり、その演出もバラエティ寄りのものから硬派なものまで様々な番組がテレビで放送されている。ドキュメンタリー番組のひとつをテレビで何気なく見て、思いがけず大きく心を揺さぶられたという経験を持つ人も少なくないだろう。

私もそんな経験がある。大学生だったある日の深夜、学生寮の食堂でふと見たある番組にぐっと心をわし摑みにされた。「NON-FIX」というフジテレビ系列のドキュメンタリー枠で、ロシア・チェチェン地方のテロリストをテーマにした「貧困に翻弄された女たち」という番組だった。モスクワの地下鉄で自爆テロを仕掛けようとして未遂で逮捕された女性イスラム系テロリストが、どのような事情をたどって犯行へ至ったのか、生い立ちや貧困、家族との軋轢や別れ、女性であることの苦しみ、最終的にテロリスト集団へ行き着いた過程が、本人の回想インタビューとともにていねいに描かれていた。

当時、世の中はイラク戦争まっただ中。黒い布をかぶった「顔の見えない」イスラム系テロリストの恐ろしい映像が毎日報道されていたが、そのドキュメンタリー番組では「顔の見える」一人の人間としてテロリストを描いていたことに大きな衝撃を受けた。ドキュメンタリーって、こんな風に「見えないモノを見せる」ことができるのか——。この番組は、自分がテレビ番組のディレクターを目指すひとつのきっかけとなった。

ドキュメンタリーとは、現実に起きていることを「創作なし」にそのまま伝えようとするノン・フィクションの映像表現である。「創作なし」というのは、撮る側の「狙い」はもちろんあるが、そこに筋書きや台本はないという意味だ。「これはリアルに起こったこと」という重いくさびを見る人の心に打つ、独特のすごみがある。世の人々が知らない裏側の世界や、世に埋もれがちな事実、珍しい現象などを日常のお茶の間に引っ張り出してくる一種の「マジック」のようなものだと思う。かつて私が「テロリスト」という対岸の人たちの心のうちのありようをある番組を見て知ったように、世の中の人の固定観念を変えるような、新鮮な力があると感じている。

私は二〇〇九年にＮＨＫに入り、十年ほど、障害者や貧困などの福祉的なテーマを中心に番組を制作してきた。巨匠ディレクターとして名を轟かせるプロがたくさんいる世界では自分はまだ若造も若造の端くれにすぎないが、ここではあくまで個人的な経験をもとに、ドキュメンタリー番組がどのようなきっかけで誕生し、制作され、放送に至るのかという過程を紐解いてみたい。

いまテレビが持つ役割は

とはいえ、テレビを最近見なくなったという人も多いだろう。そもそもテレビ自体を持っていない若者も増えたし、実感としてもテレビ番組の話題がお茶の間をさらうことは格段に減ったと感じている。視聴者の好みは多様化し、視聴者の生活時間はスマホ・インターネットに奪われ、かつてのテレビの「黄金期」は遠い昔のように感じる。ＮＨＫの調査で、一日一五分以上テレビを見るという人は

図10－1　1日15分以上テレビを見る人の割合（ワンセグなど含む）

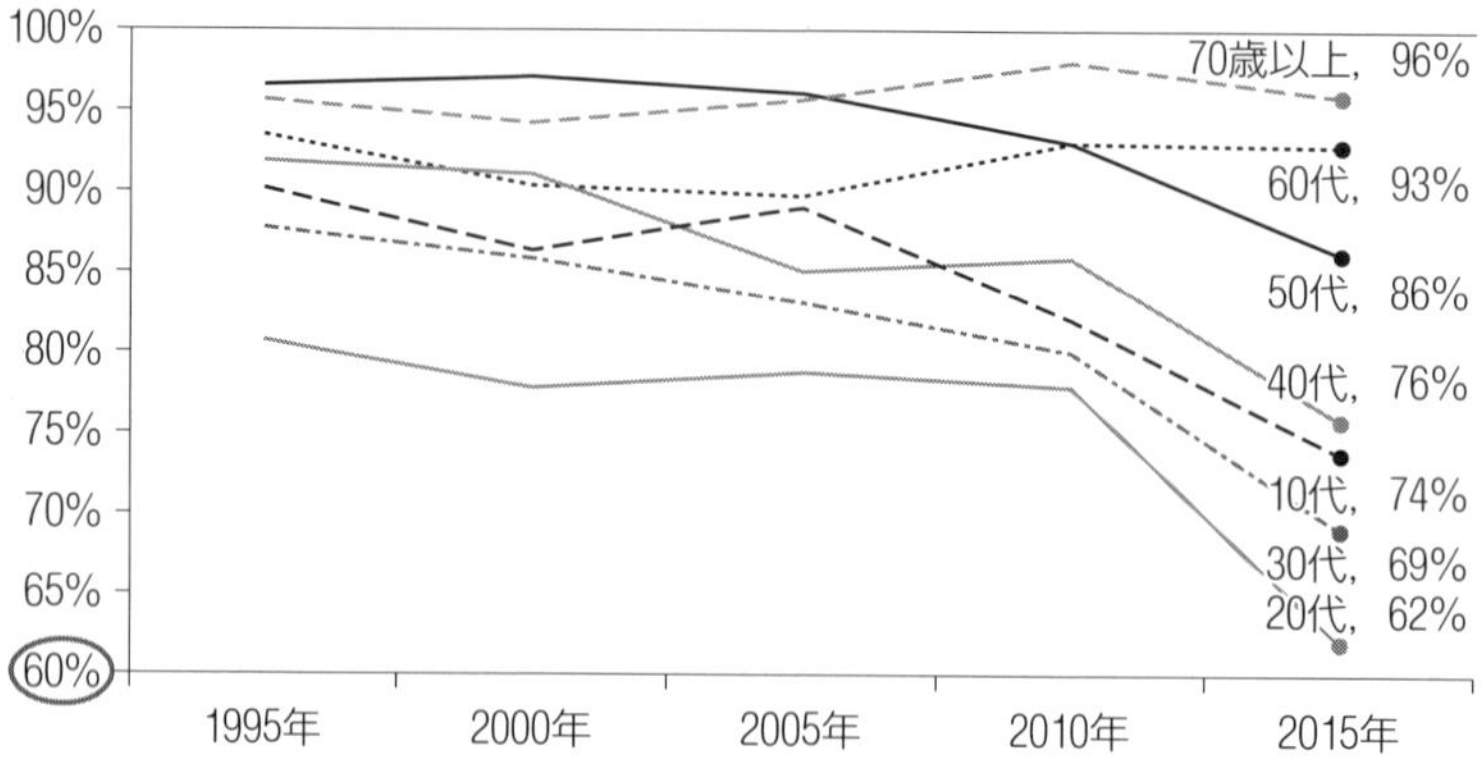

出所：「2015年国民生活時間調査報告書」NHK 放送文化研究所。

特に若年層で如実に減少している（図10－1）。また、インターネットを中心にマスメディアだけに頼らない情報選択のあり方も、特に東日本震災以後、強く意識されるようになっている。

しかし、マスメディアには引き続き大事な役割があると個人的には思っている。ひとつは、フェイクニュースの問題だ。インターネットでの過激言論空間の高まりを受け、裏付けを持つ「事実」を伝え、情報の信頼性を担保するというメディアの原点とも言うべき役割の重要性は近年ぐっと高くなっている。事実と異なるものが流布したときに、それを検証し、正して世に伝え直すという「番人」的役割だ。もうひとつは、「今の社会で何が大事な課題か」ということを世に提示するというアジェンダ・セッティング（課題設定）の役割だ。メディアが何かを取り上げる背景には、その出来事や現象が「社会によく働く」「社会に重要な視座を与える」という観点から取り上げられる。世の中の貧富や国籍、文化、人種による分断が進む中、たとえば「民主主義」、「平和」、「人権の保障」、「文化的暮らし」など公共善とも呼べる価値をどう社会で作り、保っていくのか。様々な人がインターネットで盛んに情報発信する時代にあって、バラバラに出された情報をキュレーションする、つまり収集した情報を分類し、つなぎ合わせて、議論し再統合していく「場」を作っていくことは、引き続きメディアに期待される大事な役割なのではないかと私は思っている。

時男さんとの出会い

ひとつの番組の事例を紹介してみたい。二〇一四年に制作・放送したハートネットTV「60歳からの青春~精神科病院40年をへて」は、視聴者から多くの反響をいただき、上映会が催されたり厚生労働省の精神医療についての検討会で番組内容が紹介されたりするなど、放送後に各方面で話題を呼んだ番組となった。その後、「クローズアップ現代」にも展開したところ、精神障害者というなじみの薄いテーマにもかかわらず高視聴率をマークし、さらに多くの反響が寄せられた。

このドキュメンタリーの主人公は、二十代で「統合失調症」と診断を受け、四十年以上も精神科病院に入院していた時男さん(当時六一歳)だ。若い頃の激しい症状はほどなくして落ち着き、安定した状態が続いていたが、家族とは関係が希薄で退院後の生活を世話する先がなかったため、福島県にある病院に長く入院していた。しかし二〇一一年、時男さんに転機が訪れる。東日本大震災で福島第一原発事故が発生し、時男さんの病院に突如避難指示が出された。入院患者は全員他県の病院に送られ、避難生活が始まることになったのだ。時男さんも避難先でしばらく入院していたが、二年ほどたったある日、担当の医師から「退院して地域で暮らしてみないか」と勧められ、避難先の病院を退院、群馬県のグループホームに入居した。時男さんは、期せずして実に四十年ぶりに行動制限も門限もない生活を送ることとなったのだ。取材のカメラが入ったのは、そのグループホームに入居して一年ごろ。生活にも慣れ、スナックでカラオケを歌ったり買い物に行ったり女性とお茶したりと、自由な「青春」生活を満喫する時男さんの姿だった。「原発事故がなかったら、一生病院にいたと思う」という時男さんの言葉は、彼が過ごしてきたそれまでの非常に複雑な背景を感じさせるものだった。

時男さんの物語は、日本の精神科医療の歴史の暗部を示している。日本の精神科医療は諸外国に比べて突出して入院日数が極めて長いとされ、一年以上同じ病院に入院している人数は二十万人にものぼる[1]。その中には、入院治療は必要ないにもかかわらず何十年という長期入院を続ける「社会的入院」の患者も数多くいると指摘されている（二〇〇四年の国の推計で七万二千人[2]）。その原因の大部分は、精神科病院の経営を民間資本に頼り、精神を病むものを「隔離収容」する方針ばかりをやみくもに続けてきた国の政策にある。精神障害者を病院に収容はするものの、退院したその後の生活基盤を整備することはなかったため、多くの精神障害者がそのまま何十年も病院で生活することが当たり前となってしまったのである。

当事者を見つけるきっかけ

私が時男さんと出会ったのは偶然だった。この番組を制作する半年前、私は福島県相馬市や南相馬市で原発事故後の心のケアを取材していた。その中で、南相馬市などの相双地区には元々大きな精神科病院が集中しており、五つの病院・あわせて九百人もの入院患者がいたことがわかった。地方に巨大な精神科病院が多く存在していたというのは、まさに原子力発電所が福島などの地方に作られてきたのと全く同じ構図ではないか――。そんな話を上司としているうち、上司から「そこの入院患者は避難先でどうしているだろうか」という話になった。もしかしたら本来は地域で暮らせるような人もいたかもしれないし、探ってみては？　と提案され、番組を制作する仕事の合間に取材を続けていたところ、あるとき時男さんの昔の入院仲間という作家の織田淳太郎さんが、時男さんについて書いている本の一節を見つけた。早速、織田さんに連絡を取り、一緒に時男さんに会いに行くことになり、番組の取材が始まった。

このように取材相手に出会うには、まず取材する側の「もしかしたら○○かもしれない」という「仮説」がきっかけとなる。それがなければ、圧倒的説得力を持つ「当事者」にたどり着くことは難しい。最近は当事者がブログを書いたり当事者研究として発表したりと、様々な方法で世に発信することが増えてきたが、それでも多くの当事者は自分の経験を発信するのはハードルが高い。そもそも自分のストーリーに社会的な意義があるとは思っていない場合も多いからだ。

「仮説」と「検証」を繰り返す

しかし時男さんと初めて会ったとき、私の勝手な「仮説」は違っていたことに気が付いた。「四十年も入院していた統合失調症の患者」と聞いて、私は、ほとんど下を向いてあまり人と目を合わせないような内向的な人物をイメージしていた。しかし現実の時男さんは、毎日くしで髪を整えてジーンズとベストを着こなす、オシャレが大好きな明るい男性だった。また、四十年間もの入院を余儀なくされたことを誰かのせいにして恨む様子はほとんどなく、取材に訪れた初対面の私には、うれしそうに最近描いた絵や詠んだ川柳を見せてくれた。長期にわたる入院を余儀なくされ、やるせなさや怒りに震えている当事者像を想像していた私は、生き生きとした時男さんの雰囲気に驚き、この人が本当に四十年間も入院していたのか？と疑問に思うくらいだった（もちろん後に裏をとった）。「精神科」「長期入院」という言葉だけで勝手に抱いていた精神障害者のイメージや、怒る当事者像を勝手に抱いていたことを恥じつつ、それだったら「今の時男さん」をどのように映像で描くことができるのか、時男さんと話をしながら、私の勝手な「仮説」を修正し、方向性を決めていった。最終的には時男さんの「失われた時間への思い」や「やるせなさ」だけでなく、「家族への気持ち」、さらに「今を生き直そうとする前向きな姿勢」という部分を中心に番組を制作した。番組タイトルを「精神科長期入院の悲劇」のようなものではなく、「６０歳からの青春～精神科病院４０年をへて」としたのは、私が率直に時男さんの前向きな生き方にいたく感動したからだ。

このように、ドキュメンタリーのカメラを据えるためにはこちらが立てた「仮説」と「修正」の柔軟な往復作業が一番の肝となる。一番はじめに「仮説」を持って取材をしなければ説得力のある当事者への糸口をつかむことができない。しかし、それを「修正」せずはじめに持ったストーリーのままで固執していては、取材側のイメージや先入観の枠に当てはめてしまうような取材になってしまう。ドキュメンタリーは基本的に現実の事実に即するというルールがあるため、取材相手の意図や思いと全く違う描き方をしてしまったら大問題となる。よく「マスコミは自分の言いたいことを押し付けてくる」と批判されることがあるが、特に制作に時間がない場合にそういったトラブルが起こりやすい（私も苦い経験がたくさんある）。取材相手の意図にこちらが沿うように、時間をかけて信頼関係を作り、ようやく撮影という運びとなる。それが上手くいって無事に放送にたどり着き、感謝の言葉をもらった時は、何にも代えがたい喜びであり、この仕事をやっていて良かったと思える唯一無二の瞬間でもある。

時男さんの番組は、結果的にその修正過程が比較的スムーズに進めることができた。その理由はおそらく私が取材を始めた当初「精神障害者」に強い先入観がなく、「いつまでに作らなければいけない」という時間的なプレッシャーもなかったことが良かったのかもしれない。そうやって仮説と修正の往復を繰り返して番組を作っていくと、最終的に放送される番組は「ディレクターである私が作った」という感覚ではなくなり、「時男さんと一緒になって自然と作られていった」という感覚になっていく。まさにドキュメンタリーは当事者の物語から全てが始まり、当事者と一緒に作られていくのだ。

鉄は熱いうちに打て――タイミングの大切さ

もうひとつ、この番組を通じて自分が学んだのは、番組を世に出す「タイミング」がいかに大事かということだ。時男さんへの取材を始めた三月頃、私はちょうど「ＮＨＫスペシャル」という大型番組の取材で東北の被災地をあちこち回っている最中で、時男さんの番組をすぐに作れる状況ではなかった。そのため、「今すぐに動かなくても時男さんがいなくなってしまうわけでもないから、今関わっている番組が終わってから作ろう」と思っていた。そんな軽い気持ちで上司に時男さんのことを説明したのだが、上司の決断は早く、「時男さんの話は今すぐ番組にした方がいい。いつならロケ行ける？」と番組化のスケジュールを組み始めたのだ。このとき上司は、ちょうど同じ頃に厚生労働省が精神障害者の長期入院について十年ぶりに検討会を始めるという情報をキャッチしていて、その検討会が終わる前にこのストーリーをぶつけたらどうか、と考えていた。たしかに入院治療が必要ないにもかかわらず何十年も入院せざるをえなかった時男さんの状況は、まさにその検討会で議論される課題そのものだった。

ということで、私はふたつ同時に番組を制作するというやや無茶な状況に突き進むことになった。しかしそのおかげで反響はとても大きかった。この厚生労働省の検討会は、長期入院の人を退院させるために病院をグループホームなどに改築し、そこに退院させるという「病棟転換型居住系施設」という計画を途中で打ち出し、当事者団体などから多くの批判を巻き起こすこととなった。「『病棟転換型居住系施設』は、病院の敷地内で居る場所が変わるだけでほとんど変わらない、見せかけの「退院」ではないか」「そんなのは根本的な精神障害者の救済にはならない」という声が徐々に高まっていた。時男さんの番組が放送されたのは、そんな議論の真っ最中。長い間、国がおろそかにしてきた長期入院者の現実。病院・医療側の責任。世にはびこる偏見や誤解。そしてそれらを乗り越えて、自由に今の生活を楽しむ時男さんの映像は、敷地内で退院させようという「病棟転換型居住系施設」とは全く違う、本当の意味で自由にのびのびと「地域」で暮らすことの意味を改めて世の中に考えさせるきっかけとなった。

振り返ると、世の機運が熟するタイミングを見計らって番組を出す、という上司の意図が功を奏したところが非常に大きかったと思う。特に「精神障害」などの耳馴染みのないテーマこそ、世の中の機運を読むことがより重要となる。ドキュメンタリーはたいてい制作に時間がかかることもあって、そのときホットな話題をタイムリーに打ち出せることはそう多くはないが、この番組に携わってから、この一、二か月後にどんなことが起こりうるか、世の中が動いたり人々が関心を持ったりするタイミングを常日頃狙うよう心がけている。「○○から何年」「生誕／没後○年」などの節目の年はあらかじめ想定しやすいが、それ以外でも大きなイベントなどで一気に世の中の議論が高まることもあるかもしれない。また、大きな法改正や条例発表には、事前に発表に至るまでに議論や機運が高まっていく場合があり「そろそろ○○が発表される」という前情報を握っておくことも重要だと思う。

様々な「声」を世に発信するために

時男さんのような当事者といかに出会うかは、メディアの人間の永遠の課題だ。しかしそれを見つけるには、自分なりの「仮説」をもとに専門家や当事者団体、支援団体などを何度も取材を重ねて探していくという地道な方法しかなく、非常に多くの時間と労力がかかる。また、もし探しているような当事者が見つかったとしても、その方が取材に協力してくれるとも限らない。相当な辛苦を経験してきたような当事者であれば、もうその話題には触れたくない・話したくないという人も多い。かといってドキュメンタリーはヤラセではないので、相手に出演料を払うわけにはいかない。取材交渉は（制作者側としては）いつも胃がキリキリする連続だ。

そこで最近は、双方の労力をかけずにミスマッチを防ぐ方法として、視聴者からエピソードや情報を募集し、それを元に取材をしていく「公募型」スタイルの番組も増えている。視聴者参加型スタイルは、古くをいえば長寿番組「のど自慢」や「探偵！ナイトスクープ」も同じ手法であって決して新しい手法ではないが、最近はインターネットの普及によって募集・投稿がしやすくなり、調査報道やドキュメンタリーでも視聴者からの様々な〝タレコミ〟情報が多く活用されるようになってきた。

「声なき声を形にする」場を

たとえば、NHKの福祉ポータルホームページ「ハートネット」では、様々な障害・病気などのカテゴリーに分かれ、その中で病気の解説、相談機関一覧や当事者の体験談が掲載されているが、一部のページではそれを見た閲覧者も投稿したりコメントで返信したりすることができるようになっている。視聴者から「これについての情報が欲しい」「こんな話題を取り上げて欲しい」「こんな生きづらさを抱えている」などの声を上げてもらい、どんな声が多いのかを月1回集計してグループのメンバーと共有し、番組化のヒントを探っている。私も一度、このホームページに寄せられたある若者の悩みから、その方にご出演いただいて番組を作ったことがあるが、当事者の「伝えたい」という声を伝えられ、さらに視聴者からも共感や親近感をもったという声が多く寄せられ、こちらとしても非常にうれしかった。「世の中と人の間をつなぐ」というまさにメディア（媒介者）の存在としてのテレビの意義を感じる経験だった。

メディアも大きく変わっている。今までのマスコミの人間は、自分たちが「発掘する」という使命感のあまり、当事者が自ら発信し、売り込んでくるのをやや煙たがる雰囲気があったかもしれない。マスコミに企画を売り込みに行っても冷たくあしらわれた、という話も耳にする。しかし時代はどんどん変わっている。こんなにも多くの人がブログやツイッターで発信する時代にあって、これからのメディアには、視聴者からの情報を吟味し、つなぎ、編集して提示する「キュレーション」という新しい役割がより一層期待されている。テレビであれば、一般の方々が「番組」という場に参加し、ともに作っていくようなあり方がますます求められている。これを読んでくれた人にも、どんどんテレビという「場」に参加してほしいと思っている。

メディアが取り上げたくなる書き方とは

では、もし「自分の活動を紹介してほしい」「このテーマについて世の関心が高まってほしい」などと思った場合に、どうメディアの人間に伝えるとうまく届くのだろうか。伝える方法・手段やプレスリリースなどの書き方は他の指南書に譲るとして、「何を伝えるべきか」という内容について、私がディレクターとして個人的に思う点を三つ、挙げてみたい。

① ユニークさや新しさ、目を引くのはどんな点か（キャッチーさ）

② その出来事や取り組み・ストーリーにどんな社会的な意味があるか（社会的な意味）

③ どんな「当事者」がいるか、もしくは「場」があるか（ホットな現場）

この三つは、どれも取材をする上で欠かせない重要な点だ。しかしもしこの三点の中で一番大事な点を挙げるとしたら、どれだと思うだろうか。

一般の人や企業からの売り込みの多くはつい「①キャッチーさ」ばかり意識しがちだ。しかし、少なくとも私の組織で最も大事にする点は「②社会的な意味」。それが具体的であればあるほど重要なニュースとなる。たとえば、現状としてどんな深刻な問題があり（ビフォア）、どのように解決に向けて貢献するのか（アフター）、どれくらい多くの人に求められているのか（規模感）などの情報がトータルにあると非常に説得力があるものになる。

この「キャッチーさ」「社会的な意味」「ホットな現場」という三本柱は、意識してみればある程度分量のある新聞記事やニュースの特集などにも必ず含まれていることが分かると思う。企画や提案・体験談などをメディアに持ちかけたいという際は、この三点を少しだけ意識してみてほしい。

当事者の「隣人」から情報発信する

もうひとつ、当事者の声を世に伝えるために大事だと思っているのは、当事者の「隣人」の力だ。当事者は困難の渦中にあって自身が発信・表現していくことは難しいことが多い。そこでパートナー、親や兄弟、友人、支援者などの「当事者の隣にいる人」がその人の声を聞き出し、ストーリーとして表に出していくケースが多くある。普段顔を合わしている隣人なら、打ち解けて安心して深い話をしてくれる当事者もたくさんいる。時男さんのケースも、かつての入院仲間が時男さんの話を聞いてそのライフ・ヒストリーを本にまとめたのが始まりだった。

この「隣人の声を聴く」という取り組みで、アメリカで功を奏しているNPOをひとつ紹介したい。普通の人の声や物語を録音するというシンプルな活動を続ける「ストーリーコア（StoryCorps）」という非営利団体だ。ニューヨークなどの駅や公園にインタビューブースを設置し、家族や友人など身近な人がインタビュアーとなっていろいろな当事者から話を聞き出し、その録音CDを記念に持ち帰ることができるサービスを提供している。インタビューブースに訪れる人は、長く連れ添った夫と妻、障害のある子どもと教師など、戦争から帰ってきた息子と母親など、様々。それぞれにストーリーや大事な関係性があり、それがインタビューの音声にあふれ出てくる。良い内容のインタビューは、本人の了解を取った上で、国営ラジオで流れたりアニメ化されてYouTubeで公開されたりもする。また、911テロの生存者がテロの瞬間を語る音声は、世界貿易センター跡地に建設されたミュージアムに常設展示されるなど、「当事者」の声は様々な場面で活用されている。

日本人からすれば、親しい人を改めてインタビューするなんてちょっと恥ずかしいと思う人も多いと思うが、ストーリーコアの事例はまさに「隣人」によって当事者のストーリーがつむがれるという良い例だと思う。こうして隣人の力を借りれば、誰にでも素敵なストーリーがあることが分かるだろう。残念ながら日本にはストーリーコアのブースは設置されていないが、もし近くに、何かの社会的な問題の当事者だったり悩んでいたりする人がいたら、何が一番の問題なのか、具体的にどんなことで悩んでいるのか、つらいのか、楽しいのか、話を聞き取ってみてほしいと思う。そして何か世に発信する必要を感じたのならば、ブログに載せて発信したり同じ状況の人達と共有したりしてみてほしい。

私たちメディアの人間のミッションは、そんなわずかに発せられた〝当事者の声〟を探し続けることであり、さらに言えば、隣人がそばにいない方、孤立した方々、亡くなった方々の声にも、真摯に耳を傾けることだろうと思う。そんな当事者の生き様を語る「声」の束が、世の人の気づきや感動をもたらすことにつながっていく——。そんな当事者ストーリー中心のメディアのあり方が今後より進んでいくことを期待している。

注

（1）厚生労働省「精神保健福祉資料」（二〇一四年度）。

（2）厚生労働省「精神保健医療福祉の改革ビジョン」二〇〇四年。

〈参考文献〉

織田淳太郎『なぜ日本は、精神科病院の数が世界一なのか』宝島社新書、二〇一二年。

佐々木俊尚『「当事者」の時代』光文社新書、二〇一二年。

林里香『メディア不信――何が問われているのか』岩波新書、二〇一七年。

第11章

大学教員を動かす

～実は機会を探している

渡辺裕一

「大学教員になって、あなたは何がしたいのか」との問いかけにいつも悩んできた。近くにいるソーシャルワーク教育にかかわる大学教員に、ぜひ投げかけてみてほしい。自分なりの答えはある。しかし、おそらく一般化できる正解はない。ソーシャルワークの教育・研究に携わる教員は、この問いに常に悩み続けることになると同時に、悩み続けなければならない存在でもある。なぜなら、私たちソーシャルワークの教育・研究に携わる教員は、一人ひとりがソーシャルワーカーであるべきであって、社会の変革に働きかける担い手の一人であるべきだからである。常に社会的な問題解決や社会変革にいかにかかわるべきか、かかわることができるか、一人のソーシャルワーカーとして、その機会との出会いをうかがっているはずである。

しかし、これからとりあげる件は、前述の「社会的な問題解決や社会変革にかかわる機会との出会いをうかがう」というようなものではなかった。今回の件について依頼があった時、本当に自分がこの件に関心があるのかどうか、自分でもわからない状態だったからだ。

関心があるのかないのか自分でもわからない

私は、二〇一六年の三月、自宅で新聞に目を通していた。地方紙は、ボランティア・NPOセンターが、築三八年となった建物の耐震強度不足の問題から施設が閉鎖されることとなり、岐路に立たされていることを伝えていた。その後建物は閉館となり、ボランティア協会のスタッフは県社会福祉協議会へと移籍して新しい県ボランティア・NPOセンターの運営に携わることになった。私が「どうするのかな」と気にしていた事務局長はボランティア協会に残った。ほどなくして、ボランティア協会の理事会が、法人の解散を総会に提案するに至ったことが報じられていた。「建物を運営するための法人が建物を失ったのだから、法人は社会的な役割を終えた」という声も聞こえた。この声に再び私は違和感を感じつつ、他人事のように思っていた。

意思をもって巻き込まれる

ボランティア協会に残った事務局長から私の携帯電話に連絡が入ったのは、二〇一七年の六月頃だった。普段からお付き合いがあるので、まさか電話で「折り入って相談がある」とかしこまって言われるとは思っていなかった。

「理事会提案の法人解散が、総会で否決されたのです」

よく新聞を読んでいなかった私は、電話で聞くまでそのことを知らなかった。

「ではこれから法人がどうしていけばいいのか先が見えない。存続するべきなのか、解散するべきなのか、存続するのであればどのように存続可能なのか。そこで、法人の今後のあり方を検討する作業委員会をつくることになったので『ハシリテーター』になってほしい」という相談だった。

この時、私はこの作業委員会の「ハシリテーター」になることを覚悟し、自らの意思をもって巻き込まれていった。

私が最終的に自らの意思をもって巻き込まれていった原動力は、ここまでの経緯の中で感じてきたいくつかの「違和感」だったと思う。やはり私は、自分自身のもともとの問題意識も関係して、この問題から目をそらすことはできなかった。なぜ非営利組織の中間支援組織が、拠点となる建物を失うだけで役割を失うことになるのか、なぜ活動拠点を失うとボランティア活動は衰退することになるのか、「違和感」は向き合わずにはいられない大きな疑問に変わっていた。

他人事だったはずのこのボランティア協会のあり方を検討する会議（以下、あり方検討会議）がはじまった。集まった人々は、みな、この県内外で活躍するボランティア業界の重鎮の方々であった。そんな中、「ハシリテーター」の任務はスタートを切った。いわゆる座長の役割で、取りまとめを期待されていた。

会議は自己紹介の後、委員からの「外に出すときに恥ずかしい」という意見で「ハシリテーター」が本来の「ファシリテーター」に修正され、議論ははじまった。「ファシリテーター」役を担うことが明確になったが、実は「ハシリテーター」は捨てがたかった。なんとなく笑いを誘う表現だ。確かに「ファシリテーター」の役を期待されているとイメージさせられるし、後から、「パシリテーター」（ネガティブな意味ではない）としてのフットワークの軽さも求められたことから考えると、どのように修正するべきだったのかいまだに答えが出ない。

お金もないから解散？

議論がはじまって、ボランティア協会が失ったものは建物とスタッフだけではなかったことがわかってきた。県からの委託金も失っていた。法人運営のための資金をほぼこの委託金に依存していたこのボランティア協会の理事会は、「お金がないから何もできない」という意見が多かった。県の委託金だけではなく、管理する施設がなくなったことで、施設を拠点として活用することのみを目的に会員になっていた団体からは会費が振り込まれず、会費収入が極端に落ち込んでいた。解散が提案されていたことも考えると、無理もない。再びここでも、「違和感」を感じた。NPO法人は「お金がないと何もできない」のか、会員が「建物がなくなって拠点の機能が持てなくなったから会費を納めない」のはなぜか、「会員のNPO法人はお客様」なのか。議論を通して、建設的な意見はほとんど出てこない。

法人解散が否決されたことを受けて将来の法人のあり方を考えるはずの検討会議が、未来も語ることができない状況に追い込まれていると感じた。検討会議に集められたメンバーでさえ、建物ありき、そして、行政からの委託金ありきの活動を前提として考えていた。

このころ、ファンドレイジングの学びとの出会いがあり、お金も建物もない法人の将来について、本当にこの法人の存在意義が建物の閉鎖や委託金の打ち切りと共に失われたのかどうかに焦点を当てて考え始めていた。そもそも建物を持っていて、お金も潤沢に提供された状態で運営するNPO法人は、どのくらいあるのだろうか。これまでが普通のNPO法人ではなかったということであって、この検討会議の議論はこのボランティア協会が本来のNPO法人として、真のミッションに向けて、再出発をするチャンスなのではないかと思った。

法人のミッションに立ち返る

私はボランティア協会が存続して、本当の意味でのミッションに忠実に動き始めれば、中心的な役割を担うことになるに違いない事務局長に「この法人のミッションについて、事務局は本気でやろうとしているということで、間違いないですよね」と確認した。本気でやれば、事務局長と嘱託の事務担当者しかいない事務局にとって、大きな負担がかかることは避けられない。事務局長は「間違いない」とはっきりと答えてくれた。

「間違いない」の答えを受けて、次の回のあり方検討会議で「ボランティア協会は、本当に役割を終えたのか、法人のミッションに基づいて考えてみましょう」と、委員に投げかけた。この法人の設立趣意書には、「自分自身を生かしたい、社会に役立つことをしたい、困っている人々のために尽くしたいと願う人間の善意―ボランティアの心を掘りおこし、これを組織化し、活動に結びつけてゆくことが今ほどのぞまれているときはありません」とある。私はこの「活動」を「草の根のボランティアの力で社会の問題を解決し、変えていくための活動」と呼んだ。

このボランティア協会は役割を終えるどころか、今、まさに社会で求められる存在であることに気づいてほしかった。これを一九七八年時点で掲げたボランティア協会の先駆性と開拓性に気づいてほしかった。そして、その設立趣意を見失った議論を何とか変えたかった。余談だが、一九七七年生まれの私にとって、誕生からほぼ同じ時代を歩んできたこの法人に親近感と愛着を持ったのも事実だ。

ここで、行政から与えられた建物やお金に頼らず、ミッションに向けて自ら資金を確保し、地域のボランティア・コーディネーターを育て、草の根でボランティアの心を掘りおこし、組織化し、その活動を支えていく中間支援組織としての役割を中心に、あり方検討会議の提案をまとめるに至った。

しかし次の理事会において、あり方検討会議のこの提案は、多くの厳しいコメントとともに否決され、改めて法人の解散が理事会から提案された。残念だが、もともと解散を提案したいと考えていたた理事会に、それを考え直してもらうほどのインパクトのある提案が、できていなかったということでもあるだろう。「ハシリテーター」として、私は浅はかで力不足だったと深く反省した。この提案をまとめる作業に多くの方の力をいただいたことを思うと、申し訳ない気持ちでいっぱいだった。結局、この理事会の提案に対する総会が開かれるべく、事務局では準備が進められた。

自分自身の研究・教育のミッションとつながる

総会が準備されるのと同時に、委託を打ち切った県から、県社会福祉協議会（県社協）を経由して、ボランティアコーディネーター育成事業の委託の話が持ち上がった。まさしく、あり方検討会議が提案した事業と一致する内容であり、しかも、その委託金があれば、法人を存続するめどが立つ。くしくも、ここで県社会福祉協議会の委託に救われることとなった。

しかし実は一瞬迷った。

事業が目指すことはあり方検討会議が提案したことと一致している、一方、再び県や県社協からのお金に依存している状況に、戻ってしまうかもしれない。この誘惑にどう対応すべきか。しかし、ここで事業を引き受けなければ、法人が解散してしまう。ボランティア協会は、再チャレンジの機会を受け入れ、解散を回避して、ミッションに向き合う道を選んだ。急転直下、総会では法人存続が決定した。理事の多くは退任し、新しいボランティア協会として再スタートを切ることになった。この時、新理事が承認され、私は法人の理事・副会長に着任することになった。

総会の前に事務局長は、私の理事着任に向けて相談してくれた。その時、私の著書を読んで「新しいボランティア協会は、『地域住民のエンパワメント』（私の著書名）の考え方でいきたい」と言ってくれた。私としては、断る理由はなかった。ここでも私は、改めて意思を持って巻き込まれた。なぜなら、「自分自身の研究・教育のミッション」と「ソーシャルワーカーとしてのミッション」と「ボランティア協会のミッション」が、つながったからである。

ボランティア協会は生まれ変わろうとしていた。それを分かりやすく表しているのが、ボランティア協会のパンフレットだ。パンフレットづくりには、県内で地域の元気な高齢者が運営するＮＰＯ法人の活動支援を行っている方が協力してくれた。「Ｒｅ：Ｂｏｒｎ」「新・ボランティア協会」という表現とページのデザインに目を奪われた。人が語りによって自らの思いや価値観を伝え、共感を得ようとするのと同じように、表現とデザインにも人の共感を生み出す力があることに改めて気づかされた。

そして、新・ボランティア協会の理事・副会長として、県社協から委託されたボランティアコーディネーター育成事業の講座の統括講師（コーディネーター）を担当することになった。

ボランティアコーディネーター育成事業の第一回には、社会正義や人権の価値に基づいて自分や自分が所属する組織・団体のミッションを立て、社会的インパクトをデザインし、評価するためのロジックモデルづくり、その実行のためのファンドレイジングを盛り込んだ。

新・ボランティア協会が目指す姿をデザインする

講座の第二回が終了した後、改めて今後のボランティア協会が目指す形を事務局長らと話し合った。真剣に具体的なアイディアを出し合った。ボランティアコーディネーター育成事業をどのように展開すれば地域に良い循環を作り出していくことができるか。誰もが社会問題の解決に参加できる情報誌の出版計画もあわせて、社会問題を解決したい人や団体をどのように応援して、その人たちをどのようにつなげ、組織化していくか。ボランティアコーディネーター育成事業と雑誌出版事業がふたつの源泉になって資源を生み出し、その生み出された資源が力を高めながら組織化され、また、資源を生み出す源泉になる。ボランティア協会のパンフレットを作ってくれた方がこのディスカッションの成果を、新・ボランティア協会の平成三一年度に目指す姿として、再び、わかりやすい図にしてくれた。

大学教員だからできたこと

ボランティア協会は再スタートを切った。すぐにうまくいくということではないと思う。多くの人たちの力によってここまでのプロセスが生まれており、これらのことを「大学教員だからできた」と一般化することはできないが、ここまでのプロセスをもとに、私が大学教員だったからこそできたことを振り返ると、次の点にまとめることができると思う。

まず、県内のボランティア業界で中心的な役割を果たしている人々を委員に迎えた「あり方検討会議」で、座長的ファシリテーター役を担当させていただくことができたのは、大学教員だからだろう。事務局による事前の調整もあったと思うが、大きな異論は出なかった。

このポジションにおいていただいたことで、責任は重いが、会議の中で投げかけの機会を持ちやすく、議論の方向性に影響力を持つことができた。議論の調整に向けて、各委員と個別に話をする機会も持つことができた。また、報告を作成する際には会議を構成する委員の合意を前提としつつも、報告の構成案や原案を作成する際には、事務局との調整に力を発揮できる位置にいることができた。次に、個々のボランティアの実践というミクロレベルでの視点にとどまらず、社会との関係においてボランティアが果たす役割、ボランティア協会の中間支援組織としてのあり方を俯瞰的な視点から考え、事務局や委員と共有することができた。

そして、ボランティア協会の今後を左右するボランティアコーディネーター養成事業の統括講師（コーディネーター）を担当させていただけたことも、大学教員だからこそできたことの一つだろう。会長も含め、全面的な信頼のもと、事業の推進を担当させていただいた。

これらのことから、社会の変化に向けて大学教員がもちうる要素は、その専門性に基づく俯瞰的な視点と社会的な信頼、影響力、発言力、説得力ではないだろうか。そして大学教員を巻き込むことによって、組織・団体は進むべき方向への示唆と社会変革の根拠・説得力、活動を推進するためのポジションを得られる可能性を高めることができる。

大学教員を動かすには

私は、当初、この活動に自ら積極的に参加したわけではなかったが、結果的には自らの意思をもって動かされた。このエピソードから、「大学教員を動かす」というのは、大学教員本人が自ら意思をもちつつ動かされていく環境と関係をつくることであって、その大学教員が自ら持ちうる力をよりよく発揮できるようにかかわっていくことだと思う。私は「嫌々動かされた」のではなく、「やってあげた」「何とかしてあげようとした」のでもないという点は重要だ。単に、「自分の活動に貢献してほしい」「役に立ちそう」だから大学教員に「協力を頼む」というレベルの議論ではない。

はじめに、大学教員に出会う機会を持つべく、いろいろな関係のイベントや研修、会議、学会など学びの場に出かけて、様々な大学教員との出会いをもつことが必要だ。WEBでの検索も有効だが、大学教員を動かす「出会い」はその先にある。何らかのツールを通じて直接コンタクトをとる機会を持つことが必要だ。

敷居は高くない。大学教員はいろいろだが、自分の研究や活動に注目してほしくないというのはあまり聞かない。メールや知り合いの紹介、再び学会や講演など直接会える機会を模索してもいい。事前に大学教員のパーソナリティを知りたければ、知り合いに聞いてみてもいい。大学教員が参加している活動に、一緒に参加してもいい。

次に、そこで出会えた大学教員に「何をしたいのか」を問いかけ、一緒に社会を変える活動をしたいと思えるのか、対話を通して摑む。その大学教員がどのような価値観に基づいて教育・研究活動をしているのか、そしてその価値のどの部分を自分と共有できるのか、お互いが持ちうるものをどのように交換することができそうか、対話を重ねながらお互いの専門性を尊重し合い、強いつながりをつくる。この時、自分のミッションに基づく活動は、その大学教員にとってどのような意味を持つものなのかを考えながら対話を重ねる。

さらに具体的に何を一緒にしたいのかを具体的に理解し合う。大学教員は、自分自身の研究・教育活動がどのように社会的に意味があるのか、そこに参加することによって自分自身の目指すことがいかに実現可能か、自分の参加は社会にとってどのような意味があるのか、自問しながら活動へのかかわりを深めていくことになる。

第12章

弁護士を動かす

～社会問題に取り組むみなさんと協働したい

山田恵太

私は現在、弁護士として、障害のある人の支援に携わる仕事をしたいと考え、活動している。

こういう話をすると、周りの方からは、「弁護士ならもっと儲かる仕事があるんじゃないの」とか「珍しいね」などと言われることも多いが、実際には、障害のある人の権利擁護に一生懸命取り組んでいる弁護士は数多くいる。しかし、全体から見れば、確かにまだまだ一般的とはいえないのだろう。

そこで、そのような状況の中で、私が何に動かされてこの仕事を続けているのか、どういう時に「この活動を支援したい」と思うのかについて考えていきたい。

何に動かされてこの仕事をしているか

何に動かされて、この仕事を続けているのだろうか。

まずは、実際に弁護士として出会う障害のある方々が、本当につらい場面に直面しているからということに尽きるだろう。そういった状況を打破するために弁護士が介入することが必要不可欠な場合がある。その場面で、自分の仕事として、持っている武器（資格）が誰かの役に立てることができるというのは幸せなことだ。

そして、このような危機介入の場面で当事者の方から聞く話には、毎回心を動かされる。私の依頼者の方々には、社会の中で周囲から受け入れられずに暮らしてきた方がたくさんいる。いってみれば、社会の中で「面倒な人」「変な人」「手のかかる人」と思われている方々である。周りの人たちのことを信じられない、自分のことも好きになれない、そんな思いを抱えている。それでも、どうにか社会の中で生きようと、様々な我慢や工夫や挑戦をする。しかし、それがうまくいかなくなると、他者との間で何らかのトラブルとなってしまう……。話を聴いて、そういう事情が浮き彫りになるたびに、この人のために何かしたい、何か力になりたいと思わされる。もしかしたら、周囲とうまくいかなかった昔の自分の姿を重ねているのかもしれない。

加えてそんな大変な状況に置かれた方を支える支援者の方との繋がりにも、突き動かされているだろう。思いを共有しつつ、一人の人の生活を一緒に考え、議論できる、そのこと自体が非常に楽しいことだと感じている。

以上のように、私の活動は、主には一つひとつの事案における支援である。他の執筆者の方とは異なり、自らが情報を発信する立場にあるわけではない。もちろん、弁護士として、社会問題について訴訟を提起して社会を変えていくという側面はある。しかし、基本的には、あくまでも、法律的なトラブルを抱えている人、そしてそれを支援する人をサポートする立場である。本章では、このような立場から、ソーシャルアクションについて考えていきたい。

まずは、私が具体的にどんな活動をしているのか、なぜそのような活動をしようと思ったのかについて述べる。そして、どうやったら様々な活動に弁護士を巻き込んでいくことができるのか、考えていきたい。

現在の活動

最初に述べたとおり、私は、主に法的なトラブルを抱えた障害のある人の支援に取り組んでいる。弁護士の業務としては、個人や法人の抱える一般的な法律問題を広く取り扱っているが、その中でも、知的障害、発達障害、精神障害のある人の刑事事件、債務整理（借金の整理など）、後見事件、虐待事件などに力を入れて取り組んでいる。

障害のある人が地域で暮らす上で、法的トラブルはある意味でつきものである。例えば、一時期広まった「LINE乗っ取り」などでも、複数の知的障害のある方々から被害の相談を受けた。地域で暮らす障害のある人は、このような詐欺事件や消費者被害のターゲットになりやすい。また、一人暮らしの方で、生活費の管理をうまくできず、知らず知らずのうちに借金を負ってしまうような方もいる。弁護士として、これらのトラブルに対して、取り得る手段を考えた上で、その後どうやってご本人が同じようなトラブルを抱えずに生活していくのかを考えるのが私の仕事である。

支援を行うに当たっては、弁護士が単独でできることは多くはない。むしろ、重要になってくるのは、当事者のそばに寄り添いながら、その生活を支えてくれる方々（主には福祉の専門家の方）である。弁護士としては、法的なトラブルを解決しつつ、そのような専門家と協働しながら、ご本人の生活を見守っていくことになる。

また、現在は、このような弁護士としての仕事の傍らで、一般社団法人東京TSネットという団体の運営の一端を担っている。

東京TSネットは、地域でトラブルに巻き込まれた障害のある人を支援するために、福祉専門職、弁護士、医師などが集まって立ち上げた任意団体として二〇一三年五月にスタートした。二〇一五年四月からは、一般社団法人として活動をしている。TSとは、「トラブル・シューター＝紛争を解決する人」の略であり、その活動は、北は北海道から南は沖縄まで、全国的に広がっている。東京TSネットも、このような取り組みの一つとして、東京で発足された。そして、現在、東京TSネットでは、特に「罪に問われた障害のある人への支援」に力を入れて取り組んでいる。

社会の動き

現在、罪に問われた障害のある人への支援については、社会的にも注目がされるようになってきている。そして、社会においても様々な動きが進んでいる。

まずは、矯正施設から出る人への支援についての取り組みが積極的に進められた。これは、刑務所から出るに当たっての支援なので「出口支援」と呼ばれている。具体的には、①指定された更生保護施設への福祉スタッフの配置、②刑務所等への社会福祉士等の配置、③保護観察所への調整担当官の配置、④各都道府県への「地域生活定着支援センター」[1]の設置などが行われている。これらの取り組みでは、矯正施設から出る人を対象に、住居がなかったりして帰る場所がなく、福祉サービスを必要とする人を釈放前に発見し、適切なサービス利用へと仲介することが進められている。

その後、出口支援だけではなく、障害のある人などが、そもそも刑務所に入らないようにするための支援が必要ではないかという声が上がるようになった。つまり、刑務所に行く前、捜査の段階や裁判の段階においての支援の必要性が指摘されるようになったのである。このような支援は、出口支援と対比して、「入口支援」と呼ばれるようになっている。

東京TSネットは、この「入口支援」に取り組んでいる団体の一つである。活動の主体は、ソーシャルワーカーであり、弁護士である私等は、あくまでも団体を運営し、その活動をサポートする立場にいる。

Aさんのケース

ここで実際に、私が弁護人として刑事事件を担当し、東京TSネットの更生支援コーディネーター（刑事事件の段階で本人の支援を行うソーシャルワーカーのことを東京TSネットではこう呼んでいる。）に支援を依頼したケースを紹介したい。ただし、個人情報の関係で、内容についてはある程度改変をしている。

Aさんは、四〇歳の男性。夕方のコンビニで、雑誌などを万引きして逃げようとした上、追いかけてきた店員を振り払ってケガをさせたということで強盗致傷罪で逮捕された。

事件の時、Aさんは両親と姉と四人で暮らしていた。私は、お姉さんからの依頼で、Aさんと関わることになった。

依頼を受けて、まずは、警察署に逮捕されているAさんに接見に行った。接見室で会ったAさんの第一声は、「帰れよ」。面食らう気持ちもあったが、お姉さんから依頼があって面会にきたこと、少しだけでもいいので話を聴かせて欲しいことなどを丁寧に伝えた。一〇分くらい経つと、Aさんの表情は徐々に柔らかくなり、話をしてくれるようになった。Aさんによれば、雑誌を万引きしたのは間違いないし、ケガをさせたことも認めるということだった。しかし、Aさんの話し方にはどこか幼さを感じるものであり、年齢と比較して違和感を感じた。また、雑誌を万引きした理由も、その雑誌を読みたかったのではなく「イライラしたから」というものであり、不思議な印象を受けた。

そこで、接見後、Aさんの両親とお会いし、Aさんの成育歴について詳しく聞くことにした。そうしたところ、Ａさんは、中学校卒業後、知的障害を指摘され、養護学校（現在の特別支援学校）の高等部に通学していたことが分かった。しかし、療育手帳は取得せず、卒業後は地元の会社に就職して仕事をすることになった。当初は楽しそうに働いていたが、その会社で信頼していた上司が辞めた後、仕事上のミスを指摘されることが増え、一〇年ほどで退社。その後は、仕事を転々としながら生活をしていた。また、Ａさんは、今回の事件の五年前に、窃盗罪（今回の事件と同じようなコンビニでの万引き）で執行猶予判決を受けていることも分かった。

このような成育歴を知り、Ａさんには知的障害が疑われ、何らかの支援が必要なのではないかと感じた。そこで、Ａさんに時間をかけて説明をし承諾を得た上で、東京ＴＳネットの支援コーディネーターに依頼し、Ａさんの支援を一緒に考えていくことになった。私と支援コーディネーターは、その後、Ａさんとの面会を重ねた。

Ａさんの裁判

被害者との間で示談は成立したものの、Ａさんは窃盗罪・傷害罪で起訴された。起訴されてしまった以上、弁護士としては、Ａさんが社会に戻ってこれるように活動していくことが必要になる。しかし、前に執行猶予判決を受けていることも考えれば、実刑になってしまうことも十分に考えられる。そうなると、Ａさんが社会で安心して生活できるための具体的な支援を準備することは、刑を決める上でも重要な要素になるだろう。

Ａさんの様子は、面会を重ねることで徐々に変化していった。当初は、「障害がある」と言われることへの不安や、体験したことのない「福祉サービス」への不信感が大きかった。しかし、支援コーディネーターが本人に寄り添って話を聴き、具体的にサービスの様子などを写真等を使って示してくれたことで、徐々に前向きになっていった。最終的には、様々な事業所が載っているパンフレットを見て、自分の気に入った就労移行支援事業所を探し、ここに行きたいと自ら伝えてくれた。

このようなAさんの意向を受けて、支援コーディネーターは、Aさんについての更生支援計画(2)を作成してくれた。詳細は省略するが、Aさんが希望した就労移行支援事業所の利用を中心として、Aさんが自己効力感を向上させていくための支援を具体的に考えてくれた。その内容については、更生支援計画書を証拠として裁判所に提出したほか、支援コーディネーターが裁判で証言をしてくれた。

その結果、Aさんには執行猶予判決が出た。判決では、事件の重大さからは実刑判決を本来選択すべきであるということが強調される一方、Aさんに対する支援が準備されていること等から今回に限り執行猶予判決を選択するのが相当である、とされた。

Aさんは、現在、就労移行支援事業所に一生懸命通いながら生活をしている。事業所では、「今までの職場と違っていろんな話をできる」とうれしそうに報告してくれた。精神的にも安定し、イライラすることもないという。

このような支援コーディネーターの活動は、本人の意向を汲み取ったり、具体的な支援に繋げる上で、必要不可欠なものであると感じている。

罪に問われた障害のある人の支援に取り組む理由

私が、罪に問われた障害のある人の支援に関わろうと思ったのは、司法試験受験後の出会いがきっかけだった。

司法試験を受験した後、縁があって短期間ではあるが、特別支援学校の臨時教員をやらせていただくことになった。その中で、卒業生が刑事事件を起こしてしまったケースについて、元担任の先生からお話を聴かせていただいた。その卒業生は、特別支援学校の高等部を卒業後、福祉的な支援にうまく繋がらず、最終的には窃盗事件を何度か起こして逮捕されてしまったということであった。

その上で、その先生は、元特別支援学校の教員であるジャーナリスト、佐藤幹夫さんが書かれた『自閉症裁判：レッサーパンダ帽男の「罪と罰」』（朝日新聞出版、二〇〇八年）という本を貸してくださった。この本は、いわゆる「浅草女子短大生刺殺事件」で起訴された自閉症の青年の足跡を追い、被害者遺族の方の取材も踏まえて書かれたものである。

先生から聴かせていただいた事件の本人、そして「自閉症裁判」の男性、いずれにも共通しているのは、障害を抱えながらも、支援がないままに生活せざるを得ず、最終的に事件を起こすまでに至ってしまった、追い込まれてしまったということである。このことに私は大きな衝撃を受けた。その当時私が関わっていた当事者の方は、入所施設や、特別支援学校にいて、すでに支援（教育）の対象となっている人ばかりだった。しかし、考えてみれば、このような支援の対象となっている人は、障害のある人の一部にすぎない。支援に繋がらず、社会的にも孤立し、最終的には刑事事件というトラブルに至る人がいるのだということを、恥ずかしながら、その時初めて知ったのである。

事件を起こしてしまった場合、障害のある人が、さらに「犯罪」というスティグマを負い、より生きづらさを重ねていくことになるだろう。

このような場にこそ、支援が必要だと感じた。そして、刑事事件という特殊な場面において、そこに最もコミットできるのは、弁護士なのではないか、自分にも何かできることがあるのではないかと考えた。

そういった理由で障害のある人の法的な支援の中でも、特に、刑事事件における支援ということに力を入れたい、と思うようになったのである。弁護士登録後、東京ＴＳネットの立ち上げのタイミングに運良く関わることができ、現在の活動に繋がっている。

弁護士を動かすには

ここからは、様々な活動に弁護士を巻き込んで動かしていくにはどうしたらよいか、考えていきたい。

ここで重要となってくるのが、弁護士の視点である。弁護士は、ソーシャルワーカーの方々のように「人」単位でものごとを考えていない。何を基準に考えているかというと、それは「事件」である。弁護士のケース検討においては、最初に「事件名」（刑事事件であれば罪名だし、民事事件であれば何を請求する／されているか）が問われるし、その次には「事件の概要」が語られる。

このように、弁護士は常に「事件」を見て活動する傾向にある。これが何を意味するかというと、弁護士を動かすためには、個別の事件について相談をするのが最も手っ取り早いということである。個別の事件相談となれば、弁護士は自分の役割が見えやすくなり、引き込まれやすくなる。そして、それを間口として、活動自体に関わっていくことにも繋がる可能性がある。だから、何か個別の事件（具体的な権利侵害のケースなど）があれば、すぐに弁護士に相談してもらいたい。

弁護士を探す方法はたくさんある。もちろん知り合いから紹介してもらってもいいだろう。自分の取り組んでいる分野に興味のありそうな弁護士を紹介してもらえるのであれば、これが最もいい方法だと思う。しかし、知り合いの伝手を辿っても、いい弁護士がいないということもある。その場合には、各弁護士会（各都道府県に原則一つの弁護士会がある）の法律相談や法テラスの法律相談などを利用することができる。様々な場で相談を重ねる中で、真摯に相談に乗ってくれる弁護士が見つかるはずである。そういう弁護士であれば、個別の事件対応だけでなく、活動自体にも巻き込んでいくことができるだろう。

事件がなくても弁護士を巻きこむには

しかし、常に個別の事件があるかといえば、そうではない。そういう場合には、どうやって弁護士を巻き込むのか。

この場合には、まず知り合うことこそが重要だろう。最近は、弁護士も、自分の興味のある分野（法律以外）のセミナーや勉強会にも、積極的に参加するようになってきている。例えば、取り組んでいる活動について、何かイベントを企画した際には、弁護士に参加を呼びかけてもいいだろう。呼びかける際は、弁護士会を介して告知を頼むことも考えられる。弁護士会には、「委員会」と呼ばれる公益活動等を担っている組織があり、それぞれ貧困、障害、LGBT、外国人など、様々な人権問題に取り組んでいる（委員会の名称などは弁護士会によって異なる）。それぞれの委員会には、その分野に興味のある弁護士が所属しているし、そこでイベントの告知がされれば、参加に繋がる可能性も高い。

もしかしたら、弁護士に対して、堅い・敷居が高い・えらそう……といったイメージをもっているかもしれない。しかし、決してそんなことはない。当たり前のことであるが、普通に、対等に話をすることが非常に大事だと思う。弁護士という資格があるだけの人に対して、気を遣う必要は全くない。むしろ、フラットな立場で議論することこそが重要である。そういう関係性が成り立てば、自然と活動に巻き込んでいくことができるはずだ。

弁護士として、どんな活動を支援したくなるか

その上で、やはりその活動には、「思い」があることが最も重要であると思う。どんな活動であっても、そこに何らかの「思い」のない活動であれば、応援できない。例えば、ソーシャルアクション自体が目的化した活動などは、あまり魅力的ではない。やはり目の前にいる当事者の方に向き合い、そこに根ざした活動にこそ意味があると思う。

当事者の方に対する個別具体的な支援が先にあり、その個々のケースから演繹された社会問題を発信していくことが重要であると思うし、そういった活動には、ぜひ加わらせていただきたいと思う。

そして、社会問題に取り組んでいく上では、必ずと言っていいほど、法律というものが出てくる。それは、壁として立ちはだかることもあるだろうし、逆に有利に利用できるツールとして出てくることもあるだろう。また、社会を動かしていく上では、どうしても訴訟などを提起しなければならない場合もある。そういう場合に、弁護士は、一つの道具として使うことができる。

弁護士も、社会問題を解決する一つのパーツでありたいし、そうあるべきだと思う。多くの弁護士は、自ら社会問題を発見し、それを訴訟などで発信することで社会変革をしてきた。私自身は、そこまでの力はないし、どちらかというと個別のケースに注力してしまいがちである。しかし、社会問題に取り組んでいるみなさんと一緒に協働していくことで、ソーシャルアクションに繋げていくことができればうれしい。

注

（1）地域生活定着支援センター

矯正施設（刑務所等）から出所する際に特別調整という制度（本人の同意などの要件がある）の対象になった人が、地域で安定した生活を継続していくための支援を行う。二〇〇九年度から開始された「地域生活定着支援事業（現在は地域生活定着促進事業）」に基づく。

①矯正施設に在所している人のニーズ等の確認をして、福祉サービス等に繋げるコーディネート業務、②矯正施設退所後に福祉サービス等を利用している人に関して、受入先事業所等に対する助言等を行うフォローアップ業務、③退所後の福祉サービスり利用に関して本人や関係者からの相談に応じる相談支援業務を行っている。

（2）更生支援計画

福祉的支援を必要とする被疑者、被告人に対し、その人のニーズや障害特性を踏まえた上で、その人が同じ行為を繰り返さないで生活するために望ましいと考えられる生活環境や関係性、必要な支援内容について具体的に提案し、裁判所や検察官に提出するもの。すなわち、刑事手続に置かれた障害のある人に対して、今後どのような福祉的支援を行い、本人はどう生活していくのかを具体的にまとめた計画。

終章

社会を動かす
～アイディアが社会を変える

福田　淳

明治維新でも変わらない日本

いだろうか。

二〇一八年という年は、明治維新から一五〇年に当たる。とはいうものの、日本という国は明治維新以後も、じつはまったく変わってはいないのではないかという気がしている。そもそも「明治維新によって、江戸時代は近代化へとドラマチックに変貌した」という認識自体、間違っているのではないだろうか。

元東京都知事の猪瀬直樹氏と、史学博士の磯田道史氏による共著『明治維新で変わらなかった日本の核心』（PHP新書、二〇一七年）でも、同様の考えが述べられていたので、ここに引用する。

「明治以降、なぜ日本は近代化に成功したのか。それは明治維新で日本が変わったのではなく、成功の要因がすでに江戸時代までの歴史の中で形づくられていたからだ。日本には、古代から変わらない〝国の核心〟がある。古来、培ってきた組織原理や行動原理、権威に対する考え方などが、今なお日本人に大きな影響を与えている。その〝日本的原理〟の長所と短所を知らねば、この国で成功をつかむことは難しいし、いかなる変革も望めない」

猪瀬氏の言わんとするのは、「かつて軍国主義だった日本は、戦後アメリカとマッカーサーによって民主主義となり、社会は大きく変わったというけれど、本当はちっともそんなことはなく、むしろ変わらなかった」ということだ。そう考えると、現代の日本社会が抱える閉塞感や問題意識は、「昔から変わっていない」ということによって起きていると合点がいく。教育現場におけるいじめ問題も、じつはこの「変わらない日本的原理」が根底にあるせいではないだろうか。

「社会を変える」以前の課題

この明治維新から変わらない日本人のマインドの中に感じるのは、「個」よりも「集団」でいる方が居心地がいい、と感じる国民性だ。聞くところによるとフランスの母親というのは、わが子が幼い頃から、「人と違うお前であれ」と教え育てるという。一見、我の強い国民性のように思えるが、フランスを訪れた際、人が街中で「キレる」光景をほとんど見たことがない。

先日パリで、タクシーから降りようとした時に、後続の車がぶつかってきたという出来事があった。「これは厄介だな」と思っていたら、ぶつけられた運転手もぶつけた運転手も、にこやかに握手をし、話し合いをもったのだ。きっと、他人の意見を受け入れる文化が浸透しているためだろう。しかし日本ではこうはいかない。混んだ電車の中でも、飲み屋の中でも、街のあちこちでケンカをしている人を見かけるのは気のせいだろうか。その背景には、母性社会の拡大による「甘えの構造」がはびこっているように思える。「世の中を変える」「社会を変える」ということを考える以前に、「教育環境の改善」という最優先課題が手付かずではないのか。「人と違うお前であれ」という教育がもっと浸透していかないことには、成熟した社会とは程遠い、今の変わらない日本が続くだけである。

知己に、たった一代で幼稚園から大学までの学校法人を作り上げた宮澤保夫氏という教育者がいる。まだ「発達障害」や「学習障害」といった言葉が知られていない八〇年代に、そういった傾向の子どもたちの居場所を全国につくった方であるが、「星槎グループ」[1]というその学校法人の校訓は、「人を認める」「人を排除しない」「仲間をつくる」というたった三つであると聞いて、驚いた。シンプルなことながら、教員も生徒も、その三つの約束を徹底して守るという。結果何が起こるかというと、いじめ問題はやがて解決し、不登校の子どももやがて元気に登校できるようになるのだ。

「明治維新でも日本は変わらなかった」という前提に立って考えてみると、「じつはアメリカよりも、日本で社会を変える方がよっぽど難しいのではないか」という推測が立ってしまう。

ドナルド・トランプ氏の大統領就任後、「アメリカ・ファースト」の保護主義[2]に批判が集まったことは、記憶に新しい。「なんて保守的でコンサバで、閉鎖的な人が大統領になったんだろう！」という意見が多く見られたものの、その一方で、日本の難民の受け入れ数については、ほとんど知られていないという現状がある。二〇一七年、難民認定申請者数は一万九六二八人で過去最多を記録した。しかし、実際の難民認定者数はわずか二〇人[3]。先進国において、こんな鎖国状態の国は他になく、「日本は開けている国」なんて、一体誰が言っているのだろう？と、思わず首をひねりたくなってしまう。

明治維新以降も変わらない「日本的原理」から考えると、この国における企業活動は、数字とマーケティングだけの「利潤追求型」だ。「ＣＳＲ」なんて言ってはみたものの、実際は社会貢献でさえ、「利益に結びつかなければダメ」と考える企業が少なくない。しかし「社会貢献」の本来の意味とは、たとえ自社の事業内容とはあまり関係はなくても、儲けた利潤を社会に循環させていくことだ。マイケル・ムーア監督が「反資本主義」を訴えるドキュメンタリー映画「キャピタリズム〜マネーは踊る」[4]には、多額の奨学金を抱えて一流大学を卒業する若者が、学生ローンの返済のために消耗するアメリカの現実が描かれている。本来であれば、自然科学の研究や哲学の道に進むべき優秀な人材が、すべてウォール街に吸収されてしまう。そして大学の奨学金問題は、日本でも同様に起こっている。

映画「キャピタリズム」は、利益を追求する資本主義社会が進めば進むほど、「人々の幸福な暮らしは遠ざかる」という矛盾を私たちに訴えかけている。多様性こそが成熟した社会であるにもかかわらず、「日本的原理」という単一な価値観が幅を利かせ、母性社会という甘えの構造のもとで緊張感もない。そんな日本という国で、社会を変えていくというのはとてつもなく大変であるという認識を、まず新たにする必要があるのではないか。

「シェアエコノミー」という視点

先に挙げた「難民問題」というのは、じつは日本に限った話ではない。イギリスがEUから離脱した背景には、「移民・難民の大量受け入れの反発がある」と言われるなど、世界的な問題に発展している。実際、ロンドンでは難民による人口増が原因で、道路は大渋滞になっているほどだ。島国の日本ではピンとこないかもしれないが、地続きのヨーロッパでは移動も簡単で、難民がどんどん増えるのも、当然のことと言えるだろう。

この「ヨーロッパで増え続ける難民対策のために、デビットカードを作ろう」という、非常に優れたアイデアで「ソーシャルアクション」を起こしたのが、ドレミング株式会社の代表取締役・高崎義一氏である。[5]

前職でファーストフードチェーン店のフランチャイズ経営を行っていた高崎氏は、「アルバイトの時給を十円上げると、年間に約一万円アルバイトの収入が増えるが、店の利益は一万円減る」ということに気づく。しかし店長の方は「アルバイトに辞められては困る」とばかりに、勝手にアルバイト代を上げてしまうことが多く、多店舗経営の難しさを痛感したという。そこで氏が開発したのが、同じ悩みを持つフランチャイズ店のオーナーたちがスタッフの勤務状況を把握できる「勤怠管理システム」。リアルタイムで人件費を集計することができ、働いた分の給料を従業員が欲しい時に受け取ることもできる。

このシステムを原点に、高崎氏は銀行口座を持たない人でも利用できる、前述の新しい決済サービスの開発に成功。社会貢献事業として、現在は世界一七七か国でサービスを展開するに至っている。自国から追い出された難民は根無し草で、銀行口座を持たない。世界の人口七〇億人のうち、銀行口座を持っているのはおよそ三〇億人と言われている。では「残り四〇億人は未開の人なのか」というとそんなことは決してなく、その中でも大きな割合を占めているのが、難民なのである。銀行口座を持たない彼らが買い物をする際、キャッシュがなくても困らないよう、勤務先から天引きされるという画期的なシステムを構築したのだ。

今社会に求められているのは、「明治維新礼賛」的な精神論ではなく、「アイデアで社会を良くするためには、どうしたらいいのか？」という、ソーシャルデザインの発想だ。ソーシャルデザインとは、アイディアやデザインなど、クリエイティブによって社会が抱える課題を解決することである。

空いている車を配車するアプリUber（ウーバー）、宿泊施設・民宿を貸し出す人向けのウェブサイトAirbnb（エアビーアンドビー）、コワーキングスペースやオフィススペースを提供するWeWork（ウィワーク）。これらはすべて、今世界中に起きているシェアリング・エコノミー（シェアエコノミー）というしくみによる。「物・サービス・場所」などを、多くの人と共有・交換して利用するという、ソーシャルデザインによる新しいビジネスモデルである。

交通手段を使って移動をしたり、旅先ではどこかに宿泊したり、働くための場所を持ったり。どんなに世の中が発展しようとも、人間の二四時間や基本的な活動は変わらない。しかし、スマートフォンやインターネットメディアの発達によって「ソーシャルメディア時代」となった今、タクシー会社をはじめ、ホテルやオフィス賃貸、レンタルビルディングなどは「もう不要」という、なだれ現象が起きている。前述のデビッドカードによる難民対策も、「銀行はもう不要」として、銀行を中抜きしようという考え方である。

世界から見れば、ファックスがいまだに普及し、大勢の銀行員が行内を案内してくれる日本の光景は、さぞ珍しいことだろう。ところが、ソニー銀行などは無店舗ながら、コンビニエンスストアのATMでは、月に数回までは引き出し手数料が無料だ。こうしたインターネットメディアによる産業革命は、日本でもすでに始まっている。そうした流れの中で、利益を上げている企業からお金を配分してもらい、恵まれない人たちや子どもたちを助けようという二十世紀的なフレームでは、もはや社会を変えることはできないと断言しよう。

ここまでは、「今の日本の現状で、社会を変えるなんて無理」というネガティブな側面ばかり論じてきたが、「ソーシャルメディア時代」というキーワードの中に、ようやく前向きな突破口を見つけることができると私は確信している。ソーシャルメディア時代において重要なことは、社会のしくみをICT、インターネットメディア、そしてオンラインを使って良くしていこう、という視点にほかならない。社会を変える起爆剤は、ドレミングの高崎氏が実践したような試み、アイデアの中にこそ眠っているからである。

「例外ネズミ」であり続けること

ここで、本書のもうひとつの重要なテーマ「当事者意識」について考えてみたい。

今から一〇年ぐらい前に、岩手の旅館で火事があり、団体の宿泊客だった老人の多くが亡くなったという不幸な事故が起きた。後日調査したところ、逃げようと思えば逃げることができたはずなのに、ほとんどの人がなぜか一斉に、火元となった現場に戻ってしまったことが後に判明した。生き残った人の証言によると、ある一人の老人が「忘れ物をした」ときびすを返して戻ったのだという。すると他の老人も、条件反射のように同じ行動をとってしまった。この時の状況についてある心理学者は、「集団行動によるもの」と分析している。

ある動物実験から、この集団行動は、すべての動物に当てはまることも証明されている。たとえばキッチンの真ん中に、チーズの乗った皿があるとする。それに気づいたネズミは、「あのチーズが食べたい」と思う。しかしネズミという生き物は、常にひげが壁に当たっていなければ不安になるという性質があり、どのネズミもチーズを取りに行くことができない。ところが面白いことに、ネズミの集団には必ず「例外」が一匹はいて、そいつはひげが壁に当たっていなくても怖がらない。果敢に大冒険をし、無事にチーズを食べることに成功する。すると、その様子を見たほかのネズミたちも、「ゴーサインが出た！」とばかりにキッチンへと飛び出し、例外ネズミに倣ってチーズを食べ始める。

私自身は大学を卒業後、テレビ、ＣＭ、衛星放送、そしてインターネットと、三〇年間にわたり、エンターテインメント業界に身を置いてきた。だからこそ言えるのだが、エンターテインメントというのは、まさに当事者意識を持たなければなりたたない産業である。製造業とは違い、ヒットコンテンツが一つ出るだけであぶく銭を生むため、「自分のためだけに金儲けをしよう！」と考える人が少なからず現れてしまう弊害があるものの、「自分だけよければいい」という自分ファーストな視点からは決してヒットは生まれないという、禅問答のようなところがある。前述の「例外ネズミ」のように、たとえ壁にひげが当たっていない場所でも、魅力的なコンテンツがあればリスクを承知で飛び出せるようでなければ、多くのユーザーの心をつかむことはできない。ウォルト・ディズニーがミッキーマウスをキャラクター化し、アニメで動かそうと思ったのも、「大勢の人が楽しんでくれるに違いない」という、当事者意識に突き動かされてのことであったに違いない。

さらに私事になるが、二〇〇七年にソニー・ピクチャーズエンターテインメントのモバイル・インターネット部門として独立した株式会社ソニー・デジタルエンタテインメント[6]を、創業十年の節目に退任、ブランドコンサルタントとして独立し、現在に至る。ソニー・デジタル時代は、たまたま行き着いた「インターネットメディア」で、数々のデジタルコンテンツのプロデュースに関わることになった（実際の事例については、拙著『SNSで儲けようと思ってないですよね？』（小学館、二〇一七年）に詳しく紹介しているので、興味のある方は参照していただきたい）。その経験で得たのは、たかだか二〇年の歴史しかもたないインターネットではあるが、これまでのメディアにはなかった「双方向」という、大きな機能をもっているという発見だった。

中でもSNSというのは、この双方向性のメリットを最大限享受したジャンルとして発展を遂げている。たとえばツイッターでは、誰かの「死にたい」というつぶやきを拾いあげることもできるし、自殺に関連するツイッターのキーワードで、ホットラインとすぐつながるという取り組みもある。

「親も教育委員会も学校も、誰も辛い気持ちを聞いてくれなかった」というケースも、このしくみを使うことで、ムーブメントを起こすことだって可能なのだ。これも一つのソーシャルアクションであり、Twitter社の「当事者意識」といえる。インターネットという世界がもつ双方向性は、社会の役に立つと同時に、ビジネスにもなりうる。

自分としては最初から、「社会を変えよう」なんて大上段に構えて考えていたわけではない。三〇年間エンタメ業界で働く中で、「社会を楽しませよう！」と考えていたら、それ以前に楽しめない環境にいる人が大勢いることを知り、「ならば変えなきゃいけない」と思った、という順番が正しい。

遅まきながらそのことに気が付いてからは、ＮＰＯの支援をクリエイティブやデザインの観点で支援する活動を行っている。父親支援事業を行う「ファザーリング・ジャパン」[7]、開発途上国の飢餓と先進国の生活習慣病の解消に取り組む「ＴＡＢＬＥ ＦＯＲ ＴＷＯ」[8]、ホームレス支援団体「Homedoor」[9]といった特定非営利活動団体のマーケティングの一部も手がけた。

政治的、あるいは教育的な切り口からソーシャルアクションを起こすことは私には難しいが、「人を楽しませたい」「アイディアで社会を良くしたい」という、エンタメ的側面やクリエイティブの分野であれば、社会を変える一助となれる自負がある。

これからも、「これは」と思い込んだことについては前後関係も常識も関係なく、リスクを承知で足を突っ込んでいく「例外ネズミ」であり続けたいと思っている。

注

（１）「共生・共育」をテーマに、幼稚園・保育園からフリースクール・中学校・高等学校・専門学校・大学などを有する神奈川県の学校法人グループ。
（2）アメリカのドナルド・トランプ大統領が主張したアメリカ第一主義のスローガン。
（3）二〇一七年二月一〇日法務省速報値による。
（4）二〇〇九年のアメリカ映画。日本では二〇一〇年一月公開。
（5）人事・勤怠・給与管理システムをクラウド上で提供し、世界初となる銀行口座がなくても給与を担保に買物ができる決済サービスを開発。世界一七七か国の発展途上国、二〇億人と言われる金融難民にサービスを提供している（二〇一九年現在）。
（6）福田淳が二〇〇七年に創業し、ソーシャルマーケティング、クリエイティブデザイン、ブランディングの代表的企業に成長させた。
（7）「Fathering（父親であることを楽しもう）」の理解・浸透を目的として二〇〇六年に設立された特定非営利活動法人。代表理事は安藤哲也。
（8）東京都港区に本部をおく認定特定非営利活動法人。世界の肥満と飢餓という食の不均衡是正のために、日本や欧米の先進国の食生活改善の促進と開発途上国への寄付に関する事業を行う。代表理事は小暮真久。
（9）大阪市内のホームレス問題と放置自転車の問題解決する特定非営利活動法人。路上生活者や生活保護受給者に就労の機会を提供している。代表理事は川口加奈（本書第4章執筆者）。

〈参考文献〉

猪瀬直樹・磯田道史『明治維新で変わらなかった日本の核心』ＰＨＰ研究所、二〇一七年。
福田淳『ＳＮＳで儲けようと思ってないですよね？〜世の中を動かすＳＮＳのバズり方』小学館、二〇一七年。

ちょっと長めのおわりに――「社会を変える」ことについての試論的総論

この本を企画した理由

最近、「社会を変える」「社会変革」といった趣旨の本が増えています。大手ネット書籍販売サイトで「社会」「変える」「変革」などの組み合わせで検索したところ、日本の書籍では二〇一一年頃から急激に増加している印象を受けました。これはおそらく東日本大震災による広域にわたる甚大な被害からの復興、そこから派生した原発の再稼働やこれからの電力供給のあり方について、安全保障関連法案や特定秘密保護法の成立、憲法改正の議論など、これまでの社会を根幹から揺るがすような出来事が立て続けに起こり、社会がどうあるべきか一人ひとりに叩きつけられるように強く問いかけられたことに端を発していると考えます。

そしてそれに対して市民がデモや署名、陳情といった旧来から社会を変えようとした際に使われてきた手段によって意思表出をしました。また、それに加えて人々は近年 Twitter や Facebook などのソーシャルネットワーキングサービス（以下、ＳＮＳ）を、ソーシャルアクションの新手法として利用するようになりました。これにより、自らの考え方、意見、目指すべき理想などについて手軽に発信できるようになり、普及・啓発活動がより活発化し、多くの人々をソーシャルアクションに巻き込めるようになったと言えるでしょう。
学生を主体としたSEALDSのラップやヒップホップといった音楽やリズムを取り入れた現代風な活動風景や、何万人もの群衆が色とりどりのプラカードを掲げて国会を取り囲んだ凄絶な光景、また普段は本の書き手というイメージの著名な学者がマイクをとって国会前や日比谷公園で演説する光景は、多くの方の脳裏に今も焼き付いているのではないでしょうか。そのような国民行動が「社会を変える」ことに関連した書籍発刊を促進したのではないかと考えます。

私は、このような活動、すなわち自分が身を置いている社会が何かおかしいと感じる場合は、おかしいと主張できること、価値観を共有できる人とつながり、団結し、行動を共にする機会を得られることはわれわれの権利であり、これを自由にできることはわれわれの人権が保障されている状況であると考えます。この気運や空気がさらに広がり、日本社会の基盤により強固に根付いていくこと、それが健全な社会の醸成につながっていくのではないでしょうか。

この考えを基に、社会を変えた／変えようとした私たちの経験を共有し、またその経験を整理して「社会の変え方」について論じ、現在の社会が何かおかしい、変えたいと感じている人の「声をあげよう」という気持ちを少しでも引き出す（エンパワーする）きっかけとなったり、後押しするような書籍を発刊したいと思っていました。

本書では、さまざまな立場の人に、社会において何かしら変えようとしたり、変えた経験を綴ってもらいました。依頼の際は、必ずしもその志を持つ契機が高尚なものとも限らず、偶発的な要素も多分に含まれていることもあることを読み手の皆さんに知ってほしかったため、自身のバックグラウンドを交えて描くことを依頼しました。

一人の経験談としてまとめられた「社会を変えた」系の書籍を手に取ると、納得感は得られるのですが、では「自分がやろうとした場合にどうすればいいの？」「あなただからできたのでは？」という思いにさせられるものも少なくありません。そういった思いから少しでも「私もやってみようかな」、「これなら私もできるのかもしれない」と読者のみなさんが身近に感じられるように、より多くの体験談にページを割きました。

この「ちょっと長めのおわりに」では、本書における「社会を変える」ことについての前提を確認し、そもそも「社会を変える」とは何を変えることであるのかを整理します。そして誰が変えるのか、最後に変えるために必要と考えられる最低限の要素の提示を試みます。

本書の「社会を変える」の前提

まず、本書で扱う「社会を変える」ことについての前提を確認したいと思います。「社会を変える」という概念はとても広く、人によって思い浮かべる内容が異なります。たとえば、「通貨を紙幣や硬貨ではなく仮想のものにしてより便利な社会にしていこう」という志や、「社会と本人の安全のために運転免許所持者が一定の年齢を超えたら認知症の検査を受けるような規制を作ろう」、あるいは「森林の伐採によって砂漠化した土地に緑を取り戻そう」とする取り組みはすべて「社会を変えよう」としているものです。このように「社会を変える」という概念はとても多岐に亘っています。

では、本書で扱う社会を変える、にはどのような共通項・前提があったでしょうか。一見バラバラで統一性がないように思われたかもしれません。行動を起こした人も「当事者」とその時点では「当事者とは位置づけられない人」と様々でした。しかし、どの事例にも通底する事項がありました。それは、変えた／変えようとしたことは、誰かに生きにくさが生じていて、あるいは権利侵害を受け抑圧されていて、その状況の改善を試みた、ということです。つまり基本的人権の回復・擁護にかかることです。

人が社会を変えようという思いに駆られたり実際に立ち上がる時は、えてして侵害されている自分や他者の権利を回復したり擁護したりする観点からの行動であるべきと考えます。また、その取り組みの過程や結果が、誰かの権利侵害につながってもいけません。これを本書の「社会を変える」ことの前提としました。

「社会を変える」とは？

さて、みなさんは市民が「社会を変える」といった時、どのようなことが思い浮かぶでしょうか。おそらく多くの人が、署名やロビー活動を行い政治家に接触して、法律や制度の制定や改正を働きかけたりすることを思い浮かべるのではないかと思います。近年出版されている「社会を変える」ことをテーマとした多くの書籍においても、ロビー活動や政治へのコミットの方法、また自身が政治家になり、国の審議会への参加や自身の主張が法律化したことが描かれ、それが勧められています。

確かにこれは「社会を変える」ことが語られる際に必ず推奨される正攻法で、法律を作ったり改正することで何かが義務付けられたり誰かに権利が付与されたり何かが禁止されたりします。それによって何かしらの変化が社会にもたらされます。それだけに、法律や制度を作る、改正することは、社会を変えることにつながる直接的かつ代表的な取り組みであると言えるのでしょう。また法律は、一部の例外を除けば日本全土と広範な地域を対象としています。

このように考えると、「社会を変える」ことはとてつもなくオオゴトで、一般市民の我々の手にはとても負えないようにも思えてきます。政治家に接触するのは何となくハードルが高いし（本当はそうでもないのですが）、接触したとしてもこちらの意向を受け入れてもらえるとは限らない。接触した政治家たちにこちらの訴えに強く賛同してもらえたとしても我々の声をまとめて問題として国会で取り上げてくれるか、ましてやそれを法案にして法律制定まで辿り着くのかもわかりません。そう考えると、労力が大きく時間もかかり、にもかかわらず成功する可能性が少なそうなので、法律を制定する・改正することのみが「社会を変える」というようにとらえていたとしたら、行動を起こそうという気が薄らいでしまうでしょう。

しかし、「社会を変える」ということをどのように規定するかによって目的や対象、範囲が異なってくるのではないかと考えます。つまり、「社会を変える」ことは、法律や制度が制定されたり改正されたりすること、またそれが日本全土に及ぶことのみではないというよう捉えるべきと考えます。

「社会を変える」ということ

では「社会を変える」ということはどのようなことでしょうか。結論から示しますと、少なくとも以下の四点に整理されるのではないかと考えます。

①法律を作る・変える
②状況（状態）を変える
③慣習を変える
④人々の意識を変える

ここに示した四点のどれか一つを達成すれば社会が確実に変わるというものではなく、これらは社会を変えるための一要素であり、手段であると表現するのが適切と考えます。そして実際に社会を変えるには、目指していた変化がこれらの手段が全部が揃って初めて達成されるかもしれないし、いくつか組み合わさったことで変わるかもしれないし、どれか一つから出発していくつかの要素を経るようなプロセスを辿るかもしれません。この説明だけではイメージがわかないかと思いますので、以下では、それぞれについての事例を見ていくこととします。

①法律を作る・変える

法律を作る・変えるとは、文字通り新たに法律・制度を作ったり、既存の法律・制度を変えたりすることです。これは直接的には主として国会議員が取り組む事項です。あるいは政令・条例レベルであれば県議会議員や市議会議員の仕事です。最終的に国会や地方議会において議員の決議によりますが、議会の俎上に上がるまでは多くのルートやプロセスがあることはよく知られていることと思います。それについては、紙幅の都合上ここでは詳説しませんが、我々市民・国民の声が法律・制度になっていくことは少なくありません。

法律や制度が変わったことで社会が変わった事例で私にとって特に印象的であったのが、成年後見制度を利用している人（以下、成年被後見人等）の選挙権の回復の例です。成年後見制度は、知的障害、認知症や精神障害などにより、物事を判断する能力が十分でない人に、本人の権利を守る援助者（以下、成年後見人等）を選び、その成年後見人等が本人を支援する制度です。具体的には自身の財産管理が困難な場合などに使用されます。

この制度を利用する成年被後見人は、たとえ本来選挙権を有する人であったとしても選挙権を失うことになっていました。自身の財産管理ができないと認定された人だから、選挙で適任と考える候補者も選ぶ能力がないと判断されていたのでしょう。

しかし、ある障害当事者の方が「財産は管理できないかもしれないが、自分の暮らしを良くしてくれる人は自分で選べる！」とし、成年被後見人の選挙権を制限する公職選挙法は選挙権を侵害しており憲法違反として二〇一一年二月一日に東京地方裁判所に提訴しました。その結果、約二年の歳月を経て、二〇一三年三月一四日に同条は違憲との判決が下りました。成年被後見人の方々が奪われた権利を取り戻した、まさしく社会が変わった瞬間であったといえます。その際に裁判長が「どうぞ選挙権を行使して社会に参加してください。堂々と胸を張っていい人生を生きてください」と原告に語りかけた心温まるエピソードも残されています[1]。

現在はこの選挙権回復に続き、「欠格条項」つまり成年後見制度を利用し、成年被後見人になると制限される資格や職業が定められていることについても差別的な取り扱いであるという意見から、見直しが行われている最中です。

②状況（状態）を変える

このように法律の制定や改正は社会が変わることへの大きな契機となります。しかし、先にも示した通りそこに辿り着くまでの手続きが煩雑で時間もかかります。また、最終的に法律のようなカタチになればよいですが、局所的な問題であるため日本全土の問題にしていく必要性が感じられなかったり、それが必要であったとしても、まずは目の前の危機的な状況を収めなければならない、時間的猶予がないような場合もあります。その場合、現在直面している課題を緩和・解決するための取り組みが行われることがあります。これをここでは「状況（状態）を変える」と呼ぶこととします。

状況を変えた近年の例（厳密には現在進行形ですが）としてここであげたいのが、二〇一六年の川崎で起こった民族差別デモ、通称ヘイトデモに対する反対行動への呼びかけと行動についてです。このヘイトデモは、日本国内に居住する在日韓国・朝鮮人が在日特権、つまり特別永住資格や様々な経済的便宜などの特権を不当に得ているとの主張をし、人権や人格を著しく侵害するような暴力的な言葉を発しながら街を練り歩くというものです。

これに対して、神奈川新聞報道部が反対行動を紙面上で呼びかけ、この呼びかけに一部の市民が反応して、差別的な言動や行為をやめるように働きかけました。この時の反対行動の特徴は、一般的に反対行動にありがちな罵倒を罵倒で返すものではなく、「仲良くしよう！」「共に地域で暮らそう！」とヘイトスピーチをする側に対して共生する考えを呼びかける内容であったことです。目には目を、という対応策から一歩進んだ、建設的な態度と呼びかけが話題となりました。

この動きは、二〇一八年六月に市民団体である「ヘイトスピーチを許さない川崎市民ネットワーク」が、ヘイトスピーチを禁じる条例の制定を目指して、川崎市に意見書を提出したところにまで進んでいます。この事例は、一部の人の人権を抑圧したり、尊厳を傷つけるにもかかわらず、あるヘイトスピーチがある意味野放しにされていた状況（状態）に変化をもたらした出来事であったと考えます。

③慣習を変える

ある社会において長らく引き継がれている生活の中での習わしのことを、一般的に慣習といいます。この慣習には、ある社会がより円滑に循環するように先人の知恵として受け継がれていることが多くあります。しかし、時としてその習わしがその社会の構成員を不当に苦しめていることも少なくありません。そういった「慣習を変える」ことも、ここでは社会を変えることの一つとして位置づけます。

近年、脈々と受け継がれている慣習が、その社会の構成員を不当に苦しめている事例で印象的であったのが、教師の部活顧問問題です。

中学・高校では学校の部活動（以下部活）の指導が教師に当然求められ、それを引き受けるのが当たり前の慣習があるとされています。部活は、教育課程内の活動であると多くの人が疑いを持たない中で、「平日の朝・夕、土日・祝祭日も部活の指導に当たっている場合もあり、休みが全くない。にもかかわらず手当も出ないし、そもそも部活は教育課程内のものではないし、なのにあたかも義務であるかのごとく顧問が割り当てられる。さらに、保護者の多くは部活の顧問が平日の活動はボランティアであるという事実を知らないことがほとんどで、また土日や祝祭日に部活を行わないと、保護者よりクレームがあがることもある。これはどう考えてもおかしいことではないか(2)」とのことを主旨とした内容が一部の教師から問題提起されました(3)。

この発議は発議者のブログからSNS、各種メディアに広がり、大きな反響を呼んだことでその後文部科学省や国会の審議にも取り上げられるようになりました。二〇一八年二月九日には、文部科学省から「学校における働き方改革に関する緊急対策の策定並びに学校における業務改善及び勤務時間管理等に係る取組の徹底について(通知)」が出されました。その中で「教師の勤務負担軽減や教科指導等とのバランスという観点だけでなく、部活動により生徒が学校以外の様々な活動について参加しづらいなどの課題や生徒のバランスの取れた健全な成長の確保の観点からも、部活動の適切な活動時間や休養日について明確に基準を設定すること(4)」との内容が盛りこまれるまでになりました。

少なくない教師が、部活の顧問は義務であると考えていたことは、これが慣習として継承されていたことであり、「そもそも義務ではない」「教育課程に含まれていない」、ということを疑うことすらなかったと振り返る意見を耳にします。

ただ、そもそもこれは法に規定された義務なのか、あるいは「そういうものだ」という慣習なのか、ということに疑問を持ち、自ら調べ、慣習でしかない根拠を得たのち、部活の顧問を請け負うか否かは選択できるべきだ、という一部の教員の行動が、この慣習を変える方向付けに結び付いて行きました。現段階ではこれから学校現場に浸透していくことになりますが、学校現場に岩盤のように重く横たわっていた部活顧問のボランティア問題は、少しずつではありますが確実に動き始めています。

④人々の意識を変える

また人々の意識を変えることも「社会を変える」ことに相当すると考えます。むしろ、いくら法律や制度によって何かを促したり規制したりしようとしても、人々の意識が変わらない限りは、本当の意味で社会が変わったということはできないでしょう。そのように考えると、社会を変えることで一番必要なことは、この「人々の意識」や元々あった「社会の価値観」が変わることなのではないかと考えます。では、人々の意識や社会の価値感が変わるということはどういうことなのでしょうか。これについて、近年印象深かったアクションとして、セクハラや性暴行の被害体験を告白・共有しようとするＳＮＳにおける「#MeToo」運動があげられます。

この運動は、自らの体験の語りから、潜在化している性関連被害者に、「おかしいものはおかしいと主張しよう！」という強いメッセージになりました。また被害者本人たちに対してはもとより、原体験がない人々、取り巻く人々など社会全体に性的暴力について顕在化し社会全体の意識の変革につながってきている印象があります。このような意識の変革は法律や制度がなくても人々の意識の変化をもたらし、ひいては社会を変えていくことにつながります。

法律があるにもかかわらず、その法律に規定されている人々の意識の変化が伴わなかった、という違う角度からの例をみてみましょう。二〇一八年八月にいくつかの省庁が障害者の法定雇用率を達成していない、ということがメディアに取り上げられ、関係者の間に衝撃が走りました。障害者を規定の割合で雇用することが義務付けられている、法定雇用率を各省庁が軒並み達成していなかったという事件です。

具体的には、「障害者の雇用の促進等に関する法律」という法律によって、国・自治体や民間企業に一定割合の障害者を雇用する義務を課す法定雇用率を定めています。しかし、二〇一八年八月に中央省庁の一部が法定雇用率を水増しして計算し不正していたことが発覚しました。報道の初期は一部の省庁のみの指摘であったのですが、その後中央省庁全体、また多くの地方自治体にも不正が横行していることが明らかになりました。しかもこれは恒常的に行われていて、遡ると四二年間もの間多くの省庁で不正が働かれていたことまで明らかになりました。

この事例は、社会を変えるための代表格である法律を制定したとしても、必ずしも社会が変わることに繋がらないことがあることをわれわれに突き付けると同時に、社会が変わるための根底にあるのは、別言すると社会が変わる要素に通底するのは人々の意識であることを認識させられたものでした。

誰が社会を変えるのか

次に、このように変えようとする取り組みを誰がやるべきなのかを検討したいと思います。少し乱暴な言い方になりますが私の意見は、きっかけづくりは、「自身も含め、誰かの権利が不当に抑制されている状況」に気づいた人であれば「誰でもよい」、です。一般的に、当事者が声を上げるべきものだと考えられがちですが、必ずしも行動の端緒や活動の展開は当事者でなければならないというように考えません。

現に、本書の執筆陣も当事者の他に様々な立場の人がいます。では社会を変えようとする人を類型化したらどうなるか。本書の執筆陣から整理してみたところ、4つの類型を見ることが出来ました。

① 原体験がある人（当事者）
② 原体験はないが自身の体験を変換して共感し支援する人（準当事者）
③ 原体験・変換する体験もないが原体験者やその周辺環境に関心を寄せ直接的な接点を持つ人（直接接点型第三者）
④ 原体験・変換する体験もないが原体験者やその周辺環境に関心を寄せ間接的な接点を持つ人（間接接点型第三者）

第一は原体験があるもしくはあった「当事者」と位置付けられる人々です。ここでは「当事者」とします。本書では第2章（佐藤）、第6章（野島）、第7章（池田）がこの類型に該当します。佐藤のように、家族もその中に含めることにします。

第二は、原体験はないけれども、自身に近似した体験があることを自覚し、その体験を当事者の経験や感情に変換し、当事者に寄り添っている人々のことを指します。ここでは「準当事者」とします。本書では、第1章（鴻巣）、第3章（松川）が該当します。

第三は原体験も近似した体験もないのですが、当事者やその周辺の環境に関心を寄せ、それを変えるための直接的な行動をしている人があげられます。第4章（川口）、第5章（坂爪）、第11章（渡辺）、第12章（山田）の立場がこれに当たります。「直接接点型第三者」としましょう。

第四は、原体験も近似した体験もありませんが、当事者自身の生きづらさや社会課題を緩和・解決するために間接的な支援や行動を行っている人で、本書では第8章（山寺）、第9章（岸田）、第10章

（鹿島）、終章（福田）の立場になります。ここでは「間接接点型第三者」と呼ぶことにします。

以上のように、今回の執筆者だけをみても四類型化することができました。③と④のように、原体験も近似した体験もない非当事者が、動くことも少なくありません。

このように、「社会を変える」きっかけを作るのは必ずしも当事者とは限りませんが、その後の行動・活動には必ず当事者が介入するべきと考えます。そう考えるのは私の専門としている障害者福祉の歴史において、当事者よりも専門家の方が、当事者たちが抱えている問題をよく理解している。したがって、当事者の問題の解決は専門家が中心となるべき、という専門職の傲慢さとパターナリズムが当事者の自立を阻んでいた時代の反省があるためです(5)。

当事者不在のソーシャルアクションは、活動・行動している人の自己満足に終始してしまう可能性を孕み、場合によっては当事者をより窮地に追い込む状況を作り出さないとも限りません。変えられるべき社会的課題の被害を最も被っている当事者の意見を聞かなかったり、蔑ろにするべきではなく必ず何かしらの形で当事者の関わりを担保することが求められます。

最終的にはやはり当事者の力が一番社会を動かすのではないかと思います。

当事者という概念について

ここで、「当事者」について少し考えてみたいと思います。先ほどみた四類型の中で、当事者と位置づけたのは、その原体験がある人、また原体験はないけれど近似した体験がありそれを原体験に変換している人、としました。そして、前者を「当事者」、後者を「準当事者」としました。現に、第

1章の鴻巣、第3章の松川も、自身が現在関わりを持つ当事者の体験と自身の別の体験と重ね合わせてそれが関わりの原動力になっています。

話は逸れますが、実は私自身もこの近似した体験を持ち、その体験を変換しそれを支援や研究の原動力としています。私は、いつの頃からか、社会的マイノリティーの人たちの生きづらさを少しでも緩和したい、そのために少しでも社会を変えたいと考えていました。その考えからひきつけられるように社会福祉学を専攻したのか、社会福祉学を学んだからそのように考えるようになったのかは自分でも定かではありません。また、なぜそのような気持ちが湧き上がってくるのかも考えたことがありませんでした。ただ昔から、障害がある人や滞日外国人などの社会的弱者と呼ばれる人々が蔑ろにされていると、体の底から湧き上がってくるような理屈では説明できない怒りを覚えていました。

そのような場面に遭遇したある日、ふと自身の幼少期の体験が呼び起こされました。私は親の仕事の関係上、生まれてすぐ海外に渡ったのですが、そこでひどい人種差別を経験しました。悲しいことに私の幼少の頃の記憶と言えば、日本人を侮蔑する呼称で囃し立てられている場面ばかりです。そして小学校一年生の時に日本に帰国したのですが、今度は「アメリカ人！」と罵られました。私は、耐えきれずそのように接してくる同級生や上級生を暴力的行為で切り抜け、それが状況を変えるための最良の手段と大いなる誤学習をしてしまいました。

この幼少期の体験が、マイノリティーが蔑ろにされる場面や発言に出くわすと、無意識の中で呼び起こされ身震いするような怒りにつながっていたことに気づきました。しかし、これを覚知したのはごく最近で、自分でも不思議なくらい長らく自身の当事者性に気づけていませんでした。

話を戻してこの「自身の近似体験の変換」は、三類型目、すなわち「直接接点型第三者」の全員ではないにしても、少なくない人々に、実は原体験、あるいは近似した経験があるのではないか、と考えています。この考えは、先に紹介した私自身の「気づいていなかった」経験に基づいています。

本人にその自覚がないのであればあえて穿る必要もありません。ただこの類型の人たちは、多くの人が気づきもせず、あるいは気づいたとしても気にかけないで通り過ぎてしまう抑圧されている人々、またそれを引き起こしている環境要因に気づくアンテナがあるということになります。つまりは自身が引っかかった当事者や課題は、原体験と言えるような当事者性がなかったとしても、自分自身の何かしらの体験を無意識に変換し、どこか共感しているからこそであるのではないか、と考えるのです。そしてこのように、自身の何かしらの経験が変換されることがあるとしたら、例え原体験やそれに近似した体験がなかったとしても、誰もが当事者になり得ると考えます。

どのようにして社会を変えるのか

さて、「社会を変える」具体的なやり方・方法はあるのでしょうか。文献を管見したに過ぎませんが、ここまで「これで変わる！」といった奥義のような方法論も示されていないように思います。換言すると、本書で「変えること」の前提とした人の権利が侵害・抑圧されている状況というのはごまんとあり、先に整理した具体的に何を変えるかの、法律・制度、状況、慣習、人々の意識、と組み合わせを考えただけでも、社会を変える方法を一般化することは簡単なことではありません。

ただ、社会を変えようとした際に、最低限必要と考えられる要素が五つあります。ここではそれを提示し、少しの説明を加えて本書を締めくくります。なお最低限必要限と考える五つの要素は以下の枠内に示すものですが、ここで示した①～⑤の順番はプロセスではありません。順不同で、どこから始めてもよいですし、全てを網羅しようとしなくても良いかと思います。できることをできる範囲で行い、地味で牛歩の進行でもよいので持続させていくことが重要と考えます。

① 変えたいことの明確化・具体化（問題をカタチにする）
② 状況についての具体的な語り（自分の状況を具体的に語れるようになる）
③ 目的の設定（何をめざすのかを明らかにする）
④ 仲間を作る（同じ問題意識がある人とつながる）
⑤ 理解者を増やす（社会の人々に知ってもらう）

変えたいことの明確化・具体化（問題をカタチにする）

改めて確認するまでもないことかもしれませんが、何かしら権利侵害や抑圧が起きていて、それを変えるべきだと感じていた場合であったとしても、個人が感じていることは同じように社会で共有されているとは限りません。それが、たとえば育児は女性のみが行うものではない、といったように社会の価値が変化したことにより新たに生じてきた課題（この場合であれば男性の育児休暇制度が設けられたが取りにくい、などが考えられます）であればその可能性は一層高まると考えます。

ただ社会で共有されていなかったとしても、同じような状況に置かれている人や課題を感じている人は少なからずいるはずです。権利侵害、生きにくさは、よほどの特異と思われるような体験であったとしてもこの世でただ一人にのみということは一部例外を除いてほとんど起こりえないと考えます。なぜなら個人の問題は社会と連動しているものであり、個人と社会の相互作用によって引き起こされるものだからです。つまり権利侵害や生きにくさが生じるのは個人のみに起因するものではなく、社会の状況が影響しており、人は社会と何かしら接点を持って生活しているのが一般的であることを考えると、何かしらの課題を引き起こしている社会的状況や課題の影響を受ける人が世界中でただ一人ということはほとんどないと言っていいと考えるためです。

ただ、問題が問題として形つくられていない、輪郭がない、事象や状況として言語化されていない場合があります。そのような場合は同じ問題が生じている人が少なからずいるにもかかわらず、社会で共有されていない、といえるような状況を作り出します。

このような場合は、ひとまず問題がどのようなものであるかを言葉で表現することで、問題が問題として社会で認識されるようになります。つまり問題は問題として設定され、認識されて初めて問題となります。この考え方を構築主義と呼びます[6]。

すでに、みなさんが見出している問題が社会において何かしらの枠組みにはめ込まれ、共通認識されているのであれば、改めて構築していく必要はありませんが、その問題がまだ形つくられておらず、問題として社会に十分に認識されていないようであれば、それを問題として見出している人がそれを積極的に構築していくことが求められます。こういうと仰々しく感じますが、つまりは困っていること、おかしいと感じていることがあった場合、どのように困っているのか、あるいはどのようにおかしいのか、を整理し、言語化し表出していくことが重要だ、ということです。

状況についての具体的な語り（自分の状況を具体的に語れるようになる）

次に求められるのは、どのようにそれを表出していくか、ということになります。表出していくことの目的は、同じような状況に置かれている仲間を作ること、また社会のより多くの人に共感してもらうこと、理解してもらうこと、それにより社会を変えていくことの可能性を高めていくことにあります。

もちろん、自分の状況を具体的に語らなくても、自分が変えたい状況が誰にでもイメージが付くように（たとえば、視覚に障害がある人は駅のホームで転落の危険性が高いので鉄道会社側に何かしらの対応策が求められるなど）、端的に表されていたとしたらそれで同じ問題意識を持つ仲間を募ることはできるかもしれません。しかしより多くの人の共感を得ていくためには自身の状況を具体的に語る必要があります。その理由は、ハーバード大学のマーシャル・ガンツ（Ganz, M.）氏が提唱しているコミュニティ・オーガナイジングという社会変革の方法の一角をなす「パブリックナラティブ」の説明にみることができます。ここではそのパブリックナラティブを紹介します。少し長くなりますがコミュニティ・オーガナイジングジャパン（Community Organizing JPAN）（以下、ＣＯＪ）の設立趣意書から引用します。

「人が行動を起こすとき、そこには必ずストーリーが生まれます。また、無関心や恐れから動かないでいる人を動かすには、まずその人の心を動かすことが必要です。なぜ自分が行動を起こしたか、その価値観はどこからきたものなのかという自身のストーリー（Story of Self）を語ることで聞き手の共感を呼び、自分自身と聞き手が共有する価値観や経験などを『私たち』のストーリー（Story of Us）として語ることでコミュニティの一体感を作り出し、今やらなければ社会は変わらない、それならばいつやるのかというストーリー（Story of Now）を語ることで共に行動する仲間を増やしていきます」（COJ設立趣意書より）

ここではパブリックナラティヴの内容全てを理解し、できるようになることは求めていません。本書で共有したかったことは、人が行動を起こす時、そこには必ずストーリーが生まれるということ、ストーリーが聞き手の共感を呼ぶ、ということです。そこで、ここでは自身がおかしいと思うこと、変えたいと思うことについて、どのような体験をして、どのように問題なのかについて表現できることの重要性が示されています。

実際に他者の心が痛むほどの鮮明なストーリーを聴くと、無意識のうちにどこか自分に引き付けて聴いていることが少なくありません。必ずしも同じ経験をしていなかったとしても、自身の何かしらの経験を変換して、自分に引き付けたことは誰でも一度はあるのではないかと思います。人を巻き込もうとした場合は、それが全てではないですが、この「自分自身の語り」によって共感を生むことが一つのカギになるのです。

特に原体験がある皆さんへの問いかけになりますが、自分自身が変えたいと思っていることについての自身の経験を聴き手が鮮明に思い描けるような表現を使いながら語ることができるでしょうか？社会を変えようとした際の第一歩目は、まず自分の状況を具体的に語れるようになることを目指すことなのかもしれません。

これが先に見た「准当事者」、「直接接点型第三者」、「間接接点型第三者」を生んでいます。

目的の設定（何を目指すのかを明らかにする）

それから、何を変えるのか、何を目指すのか、どのようになればひとまず目標達成とするのか、といった具体的な目標設定をしておくとより行動がしやすくなります。例をあげると、今回整理して提示した、「法律を作る・変える」「状況（状態）を変える」「慣習を変える」「人々の意識を変える」のどれ（複数形でも可）を目指すのかを設定することです。それによって、どこに働きかけるのか、何をするのか、といったどう動くかが変わってくるので、具体的に何をすべきかということがより考えやすく、見えやすくなってきます。

今回の整理から考えると、法律を作ることを目指したのであれば働きかけるのはやはり国会議員や議員秘書が一番近道でしょう。その場合はロビー活動や陳情といった行動が求められてきます。

状況を変えようとする場合は、県議や市議、あるいは今回取り上げたヘイトスピーチの例のように、その状況を産み出している大元に働きかけることが変化を誘ってくれるかもしれません。また、地域社会に訴えるためにデモや署名活動、ＳＮＳでの拡散などもよいかも知れません。

慣習を変えようとする場合は、その慣習が引き継がれている業界全体やその慣習を推奨している人々への訴えになるでしょうし、人々の意識の変革を求める場合は、広く周知するためにマスメディアに協力してもらうのがよいかもしれません。

ここで示したのはあくまでも例であって、また大元に直接的に働きかけることを想定した内容を記しました。ただこのように直接的な働きかけが有効ではないと判断される時は、他の方法が選択されるべきであることはいうまでもありません。

仲間を作る（同じ問題意識がある人とつながる）

ここでは問題共有できる人とつながることについて扱いますが、問題共有できる人は二つの種類に大別できます。それをここでは「仲間」と「理解者」とに区別しました。

まず、ここでいう「仲間」とは、当事者性が高い人のことをいいます。先に示した累計でみると、「当事者」と「準当事者」に該当します。言うまでもなく、当事者性の高い人は、今ある課題に対する共感性が高いと考えられます。また、人によって濃淡はありますが、課題の解決を望んでいることも見込まれます。つまり同じ価値を共有している可能性がとても高いといえます。このことは、お互いに共通性をいったん認識さえできれば、つながりやすく、その後も連携しやすいことが考えられます。また、より速くつながれることでその輪が広がりやすいといえます。そして、この当事者の声こそが社会を変える一番の力になると考えます。

以上からより多くの仲間を作るためにも、変えたいことの明確化が必要になってきますし、さらにより多くの仲間を作り出すためにも、「原体験型当事者」のみならず、近似した原体験を変換する人、すなわち「変換型準当事者」を増やしていくために状況の表出化が求められてくるのです。

理解者を増やす（社会の人々に知ってもらう）

続いて「理解者」ですが、本書では第Ⅱ部に「私たちは動かされた！」を設けて、当事者性がなかったにもかかわらず活動に巻き込まれた人にも執筆していただきました。

「理解者を増やす」ことは、前にあげた「仲間をつくる」こととほぼ同義ですが、違いは「仲間をつくる」は自身が変えたいとする課題の当事者とつながることや、近似の経験がある人の共感を呼んで巻き込んでいくイメージです。一方「理解者を増やす」ことは、同じ原体験や近似体験がない人に問題を知ってもらい、変えるべき社会的な課題があることについて、同じように変えるべきと考えてもらうことです。いわゆる啓蒙・啓発活動を行っていくイメージです。

「社会を変える」にはより多くの人が賛同していくこと、つまり「世論」の形成が大切になってきます。必ずしも賛同者を増やさなければならないというわけではありませんが、たとえば政治を動かすことを目標にあげたとしたらこれがとても重要になってきます。当事者性がなくても一緒に問題を考えたり行動してくれる人がより多いほうが社会に対して影響力が増します。より多くの理解者が増え、その輪が広がっていくことが社会を変えることの一助になることは間違いありません。またこれによって、より多くの知恵や技術、あるいは資金が集まる可能性も高まります。

そして、今回「動かされた！」という立場からマスメディアや企業のみなさんにそのエピソードを綴っていただきましたが、このような時こそマスコミや企業が力を発揮すると考えます。マスコミは時として毒になることもありますが、味方につければ、特に拡散力において非常に大きな力になってくれます。

マスコミと接点を持つことはハードルが高いようにも思えますが、その具体的な方法は山寺、岸田、鹿島の8、9、10章に示されていましたので参考になるかと思います。そして、何より、マスコミは人とのつながりを求めていますし、社会にとって良いことに携わりたいと思っています。今回、意識的にマスメディアの立場にある方々に執筆頂いたのも、読者のみなさんに、マスコミは社会を変える力を持っていること、また人や社会との接点を求めていることをより身近に感じてもらいたかったためです。

変換力をもとう

今後より多くの人が住みやすいと思えるような社会を構築していくためには、今の社会を変えていく必要があると考えます。なぜなら、現在も権利を侵害・抑圧され、生きづらさ、生活に困難を来たしている人が少なからずいるからです。自分ではない他者の痛みにも気づいて、その痛みを緩和するために行動することは、ひいては自分自身や自分が大切に想う人が住みやすい社会になることにつながっていくことでしょう。

今回、本書に携わったことで、社会を変えようとした場合に必要なのは、自身の何かしらの体験を他者の権利が侵害・抑圧されている辛い状況に「変換する力」を持つ人の必要性への気づきを得ることができました。その「変換力」とは「共感力」という概念にも置き換えられますが、これは「人権意識」に限りなく近いのではないかと考えます。そして、その力が備わった人が増えることこそが今後社会を変えるために必要になってくると信じて疑いません。そしてこの「変換力」を持つ人の増加に寄与するのが、原体験がある、もしくは自身の近似した経験を変換したことによって原体験をもった当事者の力なのではないかと考えます。当事者力が社会を変えていくのです。

さて、最後にあとがきらしいあとがきを記して締めたいと思います。現在、社会にどことなく息苦しさを感じているのは私だけでしょうか。ここ数年毎日のように感じている〝社会の空気〟をそれ以前はあまり感じたことはありませんでした。年齢を重ねるごとに、社会構造、そこから生じている課題、軋轢や齟齬などをより多く知るようになってきているからなのかもしれません。ただ、それだけではないでしょう。世界規模でみれば温暖化、食糧難、難民の増加、格差の拡大、環境汚染等々。国内に目を転じると、少子高齢化、年金問題、児童虐待増加、終身雇用の崩壊と非正規雇用の増加、ネトウヨ・パヨクと政治的思想が違う人々を蔑むような呼称と対立、在日・ハーフ・ガイコクジンといったルーツなどによる悪い意味での人の類型化とそれに伴う差別意識、原発問題、憲法改正の議論、生活の全てを市場に委ねて民営化していこうとする政策。このように様々な社会課題が存在する中で、それぞれの課題が混ざり合い、漠とした不安感を伴った空気となってわれわれ一人ひとりの市民の肌に纏《まと》わりついてきます。また人によっては、これら社会的課題が自身の生活を直接的に脅かしている場合もあるでしょう。本書は、そんな息苦しい空気や苦痛を伴う現実を少しでも軽減するために、まずは自分の周りからの変化を起こしてみませんか、という問いかけを試みたものです。

社会を変える、というととてもオオゴトのように感じます。もちろん簡単なことではありませんが、歴史を紐解いてみると、当事者が実際に動いて、あるいは当事者に動かされた人々が大なり小なり社会を変えてきました。本書も、社会を変えることを試みたり、実際に変えてきた経験をした方々の体験談からなっています。これらの体験の汎化はできないかもしれません。ただ、実際に変えようとした、変えた人々がいるのだ、という事実があなたの「変えたい」気持ちを後押ししてくれるのではないかと考えます。社会を変えるのは、当事者、また当事者力を持ったわれわれ市民であると考えます。

最後に、本書の企画に賛同くださり、自身を曝け出してご執筆くださった筆者の皆様、この出版不況の中、本書出版の決断をしてくださったミネルヴァ書房、また企画の段階から緩急の効いたご助言と叱咤激励くださった編集の北坂恭子氏に心から御礼を申し上げます。

二〇一九年七月

木下大生

注

（1）法学館憲法研究所「勝訴！成年被後見人の選挙権回復の裁判」（http://www.jicl.jp/hitokoto/backnumber/20130422.html）（最終閲覧2018. 10. 22）。

（2）厳密には、「部活手当」は全くないわけではなく、土日四時間程度で三〇〇〇円手当として支払われていて、平成三一年度より三六〇〇円に引き上げられる予定である。この金額についても批判的な意見があるのだが、ここではそのような手当てについてというよりも、そもそも義務ではない部活が慣習としてほとんど義務のように担当を求められることを問題としている。

（3）公立中学校教員真由子（仮名）氏のブログ「公立中学校　部活動の顧問制度は絶対に違法だ!!」の内容が参考になる（http://bukatsu1234.blog.jp/）。なお、この課題解消に向け、「部活問題対策プロジェクト」が二〇一五年に発足し、Change.org において署名活動「部活がブラックすぎて倒れそう…　教師に部活の顧問をする・しないの選択権を下さい！」が行われている（最終閲覧2018. 10. 22）。

（4）「学校における働き方改革に関する緊急対策の策定並びに学校における業務改善及び勤務時間管理等に係る取組の徹底について（通知）」8頁。

（5）一九六〇年代のアメリカでの話で、これに対して障害当事者たちがIndependent Living Move-ment（自立生活運動）を展開していった。その際のスローガンとして、〝Nothing about us without us（私たち抜きに私たちのことを決めてくれるな）〟が掲げられ、その後、このスローガンは二〇〇六年に国連で採択された障害者の権利条約にも引き継がれていった。当事者が不在のまま社会の何かしらを変えようという行動は、歴史を逆行する行為であると言える。

（6）詳しくは、小熊英二『社会を変えるには』講談社現代新書、二〇一二年、四五六—四五八頁を参照。

執筆者紹介（所属：執筆分担，執筆順，＊は編著者）

＊鴻巣《こうのす》麻《ま》里《り》香《か》（編著者紹介参照：ちょっと長めのはじめに，第１章）

佐《さ》藤《とう》典《のり》雅《まさ》（株式会社アイム代表取締役：第２章）

松《まつ》川《がわ》莉《り》奈《な》（第一回 LGBT 成人式@埼玉実行委員長：第３章）

川《かわ》口《ぐち》加《か》奈《な》（認定 NPO 法人 Homedoor 理事長：第４章）

坂《さか》爪《つめ》真《しん》吾《ご》（一般社団法人ホワイトハンズ：第５章）

野《の》島《じま》久《く》美《み》子《こ》（埼玉障害者市民ネットワーク：第６章）

新《あら》井《い》利《とし》民《たみ》（立正大学准教授：第６章聞き書き・注，コラム１）

池《いけ》田《だ》真《ま》紀《き》（元・衆議院議員：第７章）

橋本《はしもと》真《ま》希《き》子《こ》（生活保護基準引き下げ違憲訴訟原告：コラム２）

山《やま》寺《でら》　香《かおる》（元・毎日新聞記者：第８章）

岸《きし》田《だ》彩《あや》加《か》（フリーアナウンサー：第９章）

鹿《か》島《しま》真《まさ》人《と》（NHK 制作局第２制作ユニット：第10章）

渡《わた》辺《なべ》裕《ゆう》一《いち》（武蔵野大学教授：第11章）

山《やま》田《だ》恵《けい》太《た》（弁護士：第12章）

福《ふく》田《だ》　淳《あつし》（ブランドコンサルタント：終章）

＊木下《きのした》大《だい》生《せい》（編著者紹介参照：ちょっと長めのおわりに）

編著者紹介

木下大生（きのした・だいせい）

1972年生まれ。筑波大学大学院人間総合科学研究科生涯発達科学専攻博士後期課程修了。博士。社会福祉士。現在：武蔵野大学人間科学部教授。著書：『認知症の知的障害者への支援――「獲得」から「生活の質の維持・向上」へ』（単著）ミネルヴァ書房，2020年：『知りたい！ソーシャルワーカーの仕事』（共著）岩波書店，2015年；『ソーシャルワーカーのジリツ』（共著）生活書院，2015年，他。

鴻巣麻里香（こうのす・まりか）

1979年生まれ。一橋大学大学院社会学研究科中退。精神保健福祉士。現在：KAKECOMI 主宰。福島県スクールソーシャルワーカー。

ソーシャルアクション！ あなたが社会を変えよう！

――はじめの一歩を踏み出すための入門書――

2019年9月20日　初版第1刷発行
2021年11月30日　初版第2刷発行

〈検印省略〉

定価はカバーに
表示しています

編著者	木下大生 鴻巣麻里香
発行者	杉田啓三
印刷者	江戸孝典

発行所 株式会社 ミネルヴァ書房

607-8494 京都市山科区日ノ岡堤谷町1
電話代表 (075)581-5191
振替口座 01020-0-8076

共同印刷工業・藤沢製本

ISBN978-4-623-08606-1

Printed in Japan